のぼせもんの遺言

～大仁田厚50年目の真実～

「邪道」の50年を巡る旅へ　―まえがきにかえて―

それは2年前のこと。大仁田厚が私の顔をじっと見つめて口にした、こんな言葉から、すべては始まった。

「俺さ。再来年、デビュー50周年なんだよね。中村さんの思ったままでいいから俺の50年間を書いて、本にしてくれないか」

31年前、内勤職場を経て初めて取材現場に出た時に手がけたのが「ファイト93」と題したカラー1ページのプロレス特集だった。

天龍源一郎、高田延彦、前田日明―。時のトップレスラーに次々とインタビューしていく中に全盛期を迎えていたFMWの「涙のカリスマ」がいた。

インディー団体の1人エースとして、白のタンクトップに青のパンツで電流爆破マッチのリングに上がり、毎試合、体中にパックリと裂傷を負う日々。狂気さえ感じさせるギラギラした目と「1、2、3、ファイヤー!」の絶叫。興奮のあまり、記者の眼前でフロントの人間を壁に叩きつける荒々しさまで鮮明に覚えていた。

一瞬で、そのカリスマぶりに心を奪われたが、会社員に異動は付き物。「プロレス担当」は1年で終了し、大仁田の取材からも遠ざかった。その後、サッカー担当、映画担当など様々な記者生活を送った後、50歳を過ぎて戻った取材の現場で大仁田と再会した。

著名人のＳＮＳを探索して記事化するネット記者としての仕事の一環で、毎回、熱さ全開の大仁田のＸも記事化する中、ＦＭＷ時代と比べ、すっかり穏やかになっていた「邪道」の人間味に触れ、興味は深まっていった。

プロレスの取材現場にも舞い戻った。還暦を過ぎても電流爆破のリングに上がり続け、傷だらけになる大仁田の試合に足を運び、時には個人的に呼び出され、現状のプロレス界への思いをぶつけられるうちに、さらに関係は深まっていった。

一方で全盛期には５万８０００人の観客の視線を一身に集めた「涙のカリスマ」を取り巻く環境は30年の間に一変していた。

令和の今もプロレス界有数の知名度を誇り、各団体に引っ張りだこ状態なのは変わらないものの、その評判は文字通り、毀誉褒貶《きよほうへん》。固定ファンからの絶大な支持を集める一方、7度の引退、復帰を繰り返してきた歴史から「ウソつき」というレッテルをべったりと貼られてしまっていた。

その試合、行動、発言をネット記事にすれば、コメント欄には必ず「まだやっていたのか」、「まず借金を返せ」などの一方的な中傷の言葉がズラリと並んだ。

有名税と言えばそれまでだが、自身のストレスを発散するために言葉を投げつけているかのようにも見える、これらのコメントの発信者たちは、ある種のプロレスアイコン「大仁田厚」の何を知っているのか——。そんな疑問がわいた。

悪口雑言を浴びながらも各団体に招かれてはサイン会のブースに誰よりも長いファンの行列を作っているのは事実。抜群の生命力で現在も日本のプロレス界の極北に位置し続ける、この男の真実はどこにあるのか。

それを知るため、そして、「俺の50年間を書いてくれ」という信頼に応えるためには「大仁田厚」という存在を真正面から直視し、「大仁田厚」の発する声をじっと聞き、「大仁田厚」の生い立ちを知り、「大仁田厚」として存在し続けることの喜びを知り、「大仁田厚」として存在し続けることの悲しみもまた知らなければならない。

そんな目的のもと「大仁田厚」と並走し、その実像を知る旅に出た私は、この2年間、大仁田の行きつけの喫茶店で、試合会場に向かう大仁田運転の車の中で、コインパーキングに停めた車の助手席で、パソコン画面上のＬＩＮＥ音声通話で、その言葉に、じっと耳を傾け続けた。

故郷・長崎の方言で「あることに夢中になり、熱くなって世の中を変える力を持つ人」という意味の「のぼせもん」。その50年目の真実を知る旅は16歳でのレスラーデビューからちょうど50年目の２０２４年４月14日というメモリアルデーを当然のように電流爆破デスマッチのリング上で迎えた「邪道」の闘いを見つめることから始まった。

スポーツ報知　中村健吾

目次

第4章　「大仁田劇場」開幕

第5章　政界進出と挫折

大仁田厚の代名詞といえる「電流爆破マッチ」

第1章　川崎球場への道

「あそこしかないんだよ」

1974年4月14日、全日本プロレス東京・後楽園ホール大会での佐藤昭雄戦でデビューを飾ってから50年。横浜・鶴見青果市場の爆破アリーナで開催された自身の主宰団体・FMWE（フロンティア・マーシャルアーツ・レスリング・エクスプロージョン）の「～REBORN～」大会メインイベントで「邪道」は盟友・雷神矢口、リッキーフジと組んで、石川修司、ヨシ・タツ、ブラックめんそーれの3人と激突した。

「〝大仁田厚デビュー50周年4・14記念日のお祝いに爆破全部やります〟地獄のデスマッチ7」と銘打たれたこの一戦。時間無制限1本勝負で行われた試合は「北側有刺鉄線電流爆破+有刺鉄線電流爆破バリケードマット+有刺鉄線バリケードマット地雷爆破、邪道ロケット、有刺鉄線電流爆破バット」と、これまでに知恵を絞り続けてきた「電流爆破」アイテム5種類を〝全部乗せ〟した危険極まりない一戦となった。

試合前に花束を贈られ上機嫌だった大仁田だったが、突然、登場した元全日の木原文人リングアナウンサーが勝手に石川らの名前を読み上げた途端、その表情を一変させた。

ゴングと同時に石川に襲いかかり、激しい場外乱闘を展開。いきなり身長196センチの巨人・石川に背中から有刺鉄線ロープに叩きつけられ被弾した。さらに相手軍と3対3の押し合いになったところに電流爆破ロケットも着弾。6人ともリングに倒れ伏す一幕もあった。

やっと立ち上がったところ、今度はかつてのアジアタッグ王座のパートナーだったヨシ・タツとともに電流爆破マットに転落して爆発。さらに石川とめんそーれの前後からの電流爆破バットでのサンドイッチ殴打まで被弾。結局、メモリアルな1日に自分が考案したすべての電流爆破を食らう形となった。

それでも、最後の最後はおいしいところを持っていく。

石川に電流爆破ボードに叩きつけられそうになったところをかわすと逆にめんそーれを叩きつけKO。すかさず押さえ込み3カウントを奪取し、メモリアルマッチを白星で飾った。

そして、レスラーになって50年目の記念日を白星で飾った直後のマイクパフォーマンスで驚くべき発表が待っていた。

水浸し、汗まみれでマイクを持つと、「今日はありがとよ！　8・24はテリーさんが亡くなった日です。今年の8月24日、俺は俺の聖地・川崎球場に進出します！　テリーとともに川崎に来いや～！」と突然、絶叫。23年8月24日（日本時間）に亡くなった全日時代の兄貴分・テリー・ファンクさん（享年79）の一周忌にあたる日に、FMW時代に5万8000人を動員したこともある自身の聖地・川崎球場（現・富士通スタジアム川崎）でデビュー50周年のメモリアル大会を開催することを宣言した。

さらに自身の対戦相手には「本当はテリーを呼びたかったけど、その代わりに（兄の）ドリー・ファンク（ジュニア）を呼ぼうと思ってます。絶対、絶対、絶対、川崎に『スピニング・トーホールド』を聞きに来て下さい」と、83歳のレジェンドを指名した。

リングに駆け寄った観客に聖水をまき散らしながら「俺は7回引退して、7回復帰してきましたけど、好きなもんはやめられないんじゃ〜！」と心の声をむき出しに。「一生1回、胸いっぱい生きようぜ。俺は最後までこのリングで胸いっぱい生きていこうと思います」という熱い決意表明とともに50周年のメモリアルデーを締めくくった。

「あそこしかないんだよ」

8・24川崎への帰還について、そうつぶやいた大仁田。メモリアルマッチの舞台設定についての予告は、とっくにしていた。

2023年11月7日、自身のXで、FMW時代に満員とした際の川崎球場の写真を貼り付け、「#やっぱり50周年はここでしょう」のハッシュタグのもと、「元川崎球場　今は富士通スタジアム　ここでやりたいですね（笑）」と熱望。「ここの最高動員はプロレス　58000人を動員しました　夢は見るもの！　つかむもの！　頑張ろう（笑）」と熱く続けていたのだ。

　こだわりの裏には、リング上で流した大粒の涙の記憶があった。

　１９８９年、３畳一間の東京・西馬込の事務所で手持ちの５万円の設立資金で立ち上げたＦＭＷ（フロンティア・マーシャルアーツ・レスリング）。90年の東京・汐留レールシティでのターザン後藤（22年死去、享年58）とのノーロープ有刺鉄

50周年メモリアルマッチを行う「聖地」富士通スタジアム川崎（旧・川崎球場）に足を踏み入れた大仁田

線電流爆破マッチで一気にインディー団体の雄となった大仁田だったが、スタジアムマッチ開催はまだまだ絵空事だった。

新日と全日という横綱団体に大きく水をあけられた状況下で敢行したのが、91年9月23日の川崎球場大会だった。

「みんなが大きな会場でやれる力が付いたと思った。そろそろ球場で、と思った時にいくつかの候補の中から川崎球場が浮上したんだけど、それまでの最多が汐留の3000人だったからね。使用料も(当時)700から800万した」

その証拠にFMW創設メンバーのサンボ浅子(04年死去、享年40)は川崎球場開催を明かすと、「(会場は球場隣の)駐車場ですか?」と真顔で質問。「違うよ！　球場の中でやるんだよ」と大仁田も真剣に言い返したという。

「FMWのチケットはすべて実売だったし、川崎球場開催は超冒険だった。バクチだった」

そう振り返ったが、ラッキーな偶然があった。当時、闘魂三銃士を擁し、人気絶頂だった新日が同日の昼間に同じ神奈川県内の横浜アリーナ大会を開催したのだ。

この動きを最初に耳にした時は「ヤバいな。客が取られちゃうな」と思ったというが、いわゆる〝ハシゴ観戦〟をするプロレスファンが大量発生。多くのファンが横浜から川崎に移動。新日の1万8000人を大きく上回る超満員札止めの観衆3万3221人の動員に成功したFMWは一気にインディー最強団体の座に上り詰めていった。

93年5月5日のメインイベントでは、テリー・ファンクとノーロープ有刺鉄線電流爆破超大型爆弾デスマッチで対戦。勝利した後、リング上で大の字になっているテリーを助けるためにその体に覆い被さり、共に時限爆弾のエジキになった名勝負だった。

さらに94年5月5日のメインイベントでは5万人超の観客を集め、天龍源一郎とノーロープ有刺鉄線金網電流爆破デスマッチで対戦。95年5月5日の「大仁田厚メモリアル引退ツアー」でも5万8250人の観客を集め、ハヤブサ（16年死去、享年47）と引退マッチを敢行。この観客動員は現在も川崎球場の歴代最多観客動員記録となっている。

　目に焼き付いているのが初めての川崎球場大会メインイベント、後藤とのノーロープ有刺鉄線金網電流爆破デスマッチのリング上から見たスタンドの光景だった。

「5万人がウェーブするんだよ。小っちゃい事務所で1人で始めた団体の2年後の光景がこれか。これが現実なのかと思ったよ」と32年前の忘れられない光景を振り返る。

　だから、50周年のメモリアルマッチの舞台も川崎球場と、とっくに心に決めていた。

突然の休養発表

見えてきたレスラー人生集大成の瞬間だが、「邪道」にとって2023年はまさに心身ともに激動の年だった。その証拠に49年間、どんな時もリングに上がり続けてきた男が驚くべき行動に出た。

何度も引退、復帰を繰り返してきたが、リングを降りる時は辞める時――。長年のレスラー生活で決まっていた試合のスケジュールに穴を開けるようなことは一度もなかった男が9月25日、突然、休養を発表したのだ。

「今年は腹部大動脈瘤のステント手術をして、腕の骨折のためにプレートを入れてもらう手術もした。もともと膝は人工関節だし、たまに痛む。術後の検査も含めて、2024年を突き進むためにも、約1か月間休養します」と各マスコミにコメントを送った。

「腹部大動脈瘤だけど、俺は健康診断で見つけてもらえた。主治医が言うには、破裂して亡くなる人が年間3000人くらいいるらしい。予防の検査は大事だと痛感したよ。健診は面倒くさがらず、ちゃんと行ってくれよな。日頃のチェックとメンテナンス。どっちも大事じゃ！　休養って言葉、使い慣れないな（笑）。引退じゃないぞ、休養だぞ。（10月22日のトークイベントでの復帰まで、休養します」と宣言した。

健康診断で腹部大動脈瘤が見つかり、開腹手術を受けたのが5月9日。手術までは相手選手にも隠して出場。術後33日目の6・11全日福島大会で「おなかが割れちゃうよ！」という医師の

突然の休養宣言から約1か月、テリー・ファンクさんをしのぶトークイベントで復帰した（2023年10月22日）

制止を振り切り、強行復帰。ヨシ・タツとのペアで全日の至宝・アジアタッグ王座3度目の防衛を果たした。

7・1DDT横浜大会でのスペシャルハードコアタッグマッチでは、坂口征夫のキックを受け、左上腕部を骨折。2時間にわたる患部へのチタン埋め込み手術を受けた。

この時も術後5日目には鶴見青果市場でのFMWE2周年大会に患部をギプスで固定して強行出場。地獄のデスマッチと銘打った試合で雷神矢口、リッキー・フジ組を撃破。アジアタッグ王座V4を果たした。

その後も時折痛みの走る腹部とチタンの入った左腕で9・17広島でのFBWファイヤープロレス、秋山準、鈴木鼓太郎組に敗れて7か月半守ったアジアタッグ王座陥落となった翌9・18のDDTプロレス名古屋大会、9・24大分でのFTO20周年記念大会、と平然と電流爆破マッチ出場を続けた。

「不死身」と思っていた65歳（当時）は突然の休養宣言の真意について冷静な声で言った。

「俺、両膝が人工関節だし、チタンも両腕に入っているじゃないですか？　患部が緩んでないか、炎症を起こしてないか、定期的にメンテナンスしてるんだよ。大動脈瘤も3か月に1回のCTとかの検査が必要だしさ」

その上で「身体全体がすごいだるかったのは事実だよ。今回ばかりは試合もあえて入れなかった。無理が利かない体調になってきたのは事実だよ」と、本心ものぞかせた。

「俺は若いんですかね？」と聞いてきた後、「自分の中でも年齢は忘れてやってるんだけどね。忘れないと、やってられないから」と続けた言葉もまた本音だった。

休養宣言が飛び出す直前に更新した自身のXではリング上で立ち尽くす写真を貼り付け、「#明日がわからなくなる時」との表題のもと「どう生きればいいのか!?　しかし人生を諦められない　もがきまくるしかない　絶対に出口は見つかる　まぁ自分の人生信じるしかない」とも、つづった。

あまりにストレートな言葉をSNSに記した真意は「いつも、もがいて、もがいて生きてきたからさ。弱い自分もいるけど、奮い立たさなきゃいけない。そのまま沈んでしまったら終わり。ジ・エンドにしないために今回は休養も必要だなと感じたのさ」という切羽詰まったものだった。

「突っ張って生きるのもいいけど、弾力も持たないとさ。そのための1か月の休養だよ」と続けた言葉。やや「弾力」を取り戻したかに見える「邪道」は10月21日、東京・巣鴨のプロレスショップ「闘道館」で開催されたテリーさんを語るトークショーで1か月ぶりに公の場に登場した。

直後の10月25日には66歳になった。誕生日の夜、「66歳になったけど、60になった時もそうだったけど、年齢は認識してないね」とつぶやいた。

「昔を考えたら、おじいちゃんの年齢で、とっくに死んでる年かも知れないけどさ。具合の悪い日もあるけど、2、3日で回復するし、衰えも感じないから」と続けると、「ただ、1か月休んで寂しい気持ちがこみ上げたのは確かだよ。俺は引退、復帰を繰り返してきたバカな男だけど、リングに上がれる喜びは捨てられない」と淡々と話した。

その上で「世の中の人も自分がいくつだなんて観念は捨てた方がいい。いくつになっても希望があって、自分の生き方を捨てない。そんな生き方が最高だと思うよ」

「いくつになっても希望があって」――。そんな男が50年目への思いを赤裸々に口にしたこともあった。

23年3月、「闘道館」での緊急会見の席上だった。大仁田は「恥ずかしながら早50年、半世紀が経ちまして。いろいろありました…」

そう言うと、まず自身ののどを指さした。

「のどに傷があるんですけど、敗血症で死亡確率70％と言われて…。１５００針以上の縫い傷もあって…。全日時代は膝蓋骨粉砕骨折で引退を余儀なくされたけど、プロレスを忘れられなくて50年やってきました」

93年2月、遠征先の鹿児島で試合後に倒れ緊急入院。急性肺炎、敗血症を併発し、まさに生死の境をさまよったことをネタにして、タフに笑った。

この日の会見直前まで尿道結石で入院していたことも明かした後、「7回引退して、7回カムバックしたと言われてますが事実です。ろくなもんじゃないのは分かってます」と自虐的に続けると、「50年やってきたんだよというのを皆さんに見せたい。もう、50年もやってきたんだ。半世紀やってるんだっていう重みをね。才能のある男じゃないし、体も大きくなかったし。粉砕骨折の後、デスマッチを思いついてやってきた。やれるところまでやろうかと。最後まで電流爆破というもので貫こうと思ってますんで」と決意表明した。

会見の最後を「4月29日から50周年イヤーが始まります。最終的には川崎を予定しています。50周年大会、自分が思っている人がいますんで。僕が子どもの頃から憧れていた人を呼ぼうと思ってます」とメモリアルマッチの対戦相手として意中のレスラーがいることも明かした上で川崎球場での一戦に向け、「なじみ深い会場で。あそこしかないだろう」と目をギラリと輝かせた。

直後に全日(当時)の石川修司が195センチの巨体を揺らして乱入。4・29開催のFMWE第8戦「~THE DAWN~」での電流爆破デスマッチでの対戦を要求されると、これを受諾。「三冠（タッグ王座）獲って来てくれよ！」と呼びかけ、まずはホームでの石川戦を確定させた。

会見の最後では「全日本よ！　アジアタッグ選手権やれよ！　いつまで待たせるんだよ！」と、2・4全日・八王子大会でヨシ・タツとのタッグでアジアタッグ王座を奪取して以来、防衛戦の連絡がいっこうにない全日に怒りを爆発させた。

「アジアタッグ獲ったのに、マッチメイクに入れもしないじゃん。だから、新宿FACE（大会）、見に行くから！」と宣言。その言葉通り、その足で新宿へ。きっちりと7000円のチケットを購入。正面から堂々と会場入りした。

その夜の第3試合で行われた全日本プロレス認定6人タッグ王座決定戦で大森隆男、ブラックめんそーれ、ATM組が王者となるところをおとなしく見届けたが、新チャンピオンとなった、めんそーれがマイクを持つと「6人タッグのベルト獲ったぞー！　このベルトを獲ったら、俺は言いたいと思っていた！　大仁田さん、あんた、アジアのベルト持ってるんだろ？　大森さんと俺に挑戦させてくれよ」と挑戦表明してきた。

この言葉を聞いた途端に表情を一変させた大仁田。有刺鉄線バットを手に客席からリング下まで来ると「おい、頭に被ってるそれ、なんだ?」と、めんそーれのマスクに触れ挑発。「おい、電流爆破受けるんだな? 本当だな?」と問いかけた。「なんだってやってやるよ!」と、めんそーれが息巻き、大森にも「大仁田さん、とりあえず今日は、とっととお帰りください。そして、俺たちがベルトを獲る時までに、ベルトを磨いておいてくださいよ」と煽られると怒り爆発。リング下に呼び寄せためんそーれの腹を有刺鉄線バットでひと突き。場外を引きずり回し、最後は観客の持っていたペットボトルの水をぶちまける大暴れの末、会場を後にした。

自身の要望でタイトルマッチは電流爆破デスマッチで行うことが決まっているアジアタッグ王座戦について、「大森さん、めんそーれさんよ。八王子大会の5倍の火薬量で電流爆破を用意する。後悔するなよ!」と絶叫し、会場を後にした。

腹部大動脈瘤による死の恐怖

50周年のメモリアルイヤーをスタートさせた初日早々に発表会見からの全日乱入と大暴れして見せた大仁田だったが、自身の腹部に巣くう命に関わる病気の名前を医師から告げられたのは23年4月のことだった。

遡ること2か月前には2・4全日本プロレス八王子大会で同団体初開催の電流爆破マッチでヨシ・タツと組んで、ケンドー・カシン、NOSAWA論外組を撃破。2017年6月の陥落以来、5年8か月ぶりのアジアタッグ王座返り咲きを果たしていた。

3・14の「レスラーデビュー50周年メモリアルイヤー」会見の場で、4・29開催のFMWEの横浜鶴見青果市場大会での石川、佐藤組との対戦を受諾すると、その夜には全日・新宿FACE大会に乱入。4・15全日・名古屋大会での大森、めんそーれ組のアジアタッグ挑戦を受諾した。

石川組との4・29決戦では「最高に激しい電流爆破のリング」を用意すると明

言。大森組との4・15決戦についても「もっと激しい電流爆破を用意しないと、釣り合いが取れないし、大森さん、めんそーれさんの挑戦者組に申し訳ないじゃないか」と続けていた。

次々と決まるビッグマッチ。しかし、その裏では命に関わる大病との闘いが始まっていた。

4月初旬のことだった。

「最初、たまには健康診断を受けようと思って、昨年末に受けたら腹部大動脈瘤が見つかって、経過観察になった。4月に改めて病院を受診したら6～7センチくらいに大きくなってて『早く手術しないと、命に関わりますよ』って言われて。でも、その時点で4試合出場することになっていたからさ」と回顧。病名を告げられた時点で4・15全日・名古屋、4・29FMWE鶴見青果市場まで全4試合の出場が決まっていた。

いつ破裂してもおかしくない腹部の大動脈瘤。ドクターストップを受けた状態で上がった15日の名古屋のリングでは患部である腹部に電流爆破バットの一撃を苦悶の表情と共に食らい続けた。

その試合のことを「相手には手術のことは一切、言わなかった」と淡々と振り返ると、「絶対、手加減されちゃうし、手を抜いてる試合と思われるのが嫌だったからさ」と、無言を貫いた理由を明かした。

やっと、大病を患っていることを公表したのは石川、佐藤組を下し、アジアタッグ王座V2を果たした4・29鶴見のリング上だった。

この日の試合では、ゴング前から場外乱闘を展開。石川の怪力で持ち上げられ、設置された電流爆破マットに叩きつけられ爆破された。この時も当然のように腹部から落下した。さらに前後から電流爆破バットで殴打された上、佐藤にヒールホールドで固められたまま、両者、電流爆破マットに転落。完全にグロッギー状態に陥った。

しかし、満場の「オオニタ！」コールで息を吹き返すと、最後はヨシ・タツと息の合った攻撃で佐藤を電流爆破バットで挟み撃ち。大爆破させ、3カウントを奪った。

文字通りボロボロの状態での勝利後、リング上でマイクを持つと、「一つ報告させて下さい。僕は大動脈瘤を患っています」と初めて公表した。

200人の観客が騒然とする中、「でも、今日も生きて帰ることができました。医者からは『腹打って、死んじゃうぞ』と言われましたが、皆さんのおかげで生きてます」と続けると「明日入院して、9日に手術します。生きて帰ってきます」と30日に都内の病院に緊急入院。5月9日に腹部ステント手術（ステントグラフト内挿術）に踏み切ることを明かした。

さらに「6月11日、全日のリングで防衛戦をやります。その試合には戻ってきます」と、V3戦を古巣のリングで行うことを口にすると、マイクパフォーマンスの最後を「私、大仁田厚は皆さんに心から感謝します！　ありがとー！」の絶叫で締めくくり、そのまま、ずらりとファンが並んだサイン会に突入した。

約80人のファンにサインし、汗まみれのまま肩を抱いてツーショット写真を撮り終えると、バックステージで「明日から検査入院して、9日に手術します。全治2、3か月と言われましたが、6・11全日・郡山大会での防衛戦が決まっているもんで…。僕らチャンピオンですから（ベルトを）返上するつもりは全くありません」と言い切った。

14日の全日・名古屋大会について「実は名古屋で電流爆破を食らった時に息ができなくて…。今はおなかがすごく痛いです」と明かすと、「この4試合中に破裂しなくて良かったです。プロレスはいろいろ言われますけど、俺らは俺らで命がけでやってますんで」と口にした。

さらに「破裂しなかったことにも心からありがとうと言いたい。7回も引退して、7回もカムバックしても俺を支えてくれる皆さんのおかげです」と感謝すると、「このベルトは墓場まで持っていきます。僕が死んだら、永遠のチャンピオンと思って下さい」と最後に笑わせ、隣のヨシ・タツに「縁起でもないこと言わないで下さいよ」と、思いっきり叱られた。

しかし、後に判明することだが、これらの発言は完全な強がりだった。主治医からはリングに上がることイコール死に直結することを明確に告げられており、実は大仁田自身も死の恐怖と戦い、眠れない夜を過ごしていたのだった。

4月に確定診断を受けた腹部大動脈瘤を抱えてのファイトがいかに危険なものだったか。

その全貌を初めて明かしたのは、手術後わずか33日でリングに立った6・11全日本プロレス福島大会での有刺鉄線ダブルバリケードマットメガトン電流爆破デスマッチで佐藤、川村組を下し、アジアタッグ王座3度目の防衛を果たした直後だった。

「死守」という言葉通り、体を張って守り抜いた全日伝統のベルトを肩にかけた大仁田は医師とのやり取りについて、「『(術後1か月で)リングに上がれますか?』と聞いたら、先生からは『バカなこと言うな! おなかが割れちゃうよ』って止められたけど、最後はやらせてあげたいって気持ちが勝ったようで(GOサインが出た)」と明かした。

「開腹(手術)したら、リングに上がるまで3か月かかるって言われたから、(内腔を保持する医療器具)ステント(手術)にして。両方の下腹を7センチずつ17針分切って、破裂を防ぐステントを入れてもらったんだ」

術後の療養期間が短い術式が採用された幸運もあったが、「俺みたいなのリングで死んでナンボじゃないですか？　死んだら記事になるなって。バットで殴られて『イテー！』って、リングで倒れていた時も頭に浮かんだ最後の言葉は『死んだら記事に…』だったよ」と振り返った。

「そりゃ、俺だって死にたいわけじゃないから一瞬悩んだけど…」と話した命がけの戦いの裏には、あの人の教えがあった。

それは15歳だった自身を全日に迎え入れてくれたジャイアント馬場さんの言葉だった。

「馬場さんの教えで『決まった試合はどんなことがあっても出場すべき』ってのがあってさ。手術はレスラーの事情であって、お客さんの事情じゃないからね」

そう淡々と話すと、「ステントだと『１００％（破裂はしない）大丈夫だ』と保証はできないらしいんだよね。でも、どうしてもリングに上がりたかったからさ。俺は7回引退して7回復帰しているわけじゃないですか？　命がけでやらないと、プロレスファンに失礼だからさ」と笑った。

福島ビッグパレットのリング上でパンクラス出身の佐藤の強烈なキックは何度も、何度も大仁田の腹部に食い込んだ。医師が言う「おなかが割れちゃう」危険は何度も、何度もあった。それほどの〝ガチ〟の命がけの試合だったのは確かだ。

「精神論を説くわけじゃないけどさ。所詮、俺はならず者だからね。ならず者にはならず者の生き方しかできない。普通の人から見たら何やっているのかと思うかも知れないけど、人間100人いたら、100通りの生き方があるし、それを否定しても、しようがないよね」とうそぶいた通り、気持ちで戦った復帰戦だったのは確かだった。

「人間、一番に精神、二番に肉体だと思う。治ると思ったら治るし、治らないと思ったら治らないよ」と言った「邪道」に、その時、聞いたことがあった。

「腹部への攻撃はレスラーである限り続くと思う。でも、リングには上がり続けるのか？」

返ってきたのは、予想通りの答えだった。

「安心感なんかないよ。ステントがずれたらと思うし、毎回が恐怖だと思う。俺だって犬死にはしたくない。バカなヤツだけど、ある種、プロレスラーだなと思ってよ」

「犬死にはしたくない」そう本音も明かしたが、その3週間後、「バキッ」という不吉な音とともに新たな試練が襲ってきた。

その場面を再現する。

確かにそのキックを受けた直後、一気に大仁田の動きが鈍った。

5月9日の腹部大動脈瘤の手術2か月後に襲ってきたのは、リング上での骨折禍だった。

横浜ラジアントホールで開催された7・1DDTプロレス「DDT　YOKOHAMA　Unlimited　SPECIAL」大会。小嶋斗偉を従えて出場のスペシャルハードコアタッグマッチ。坂口征夫、岡谷英樹組と対戦した大仁田は場外乱闘なし、ロープエスケープなし、レフェリーが特に危険と認めない限り全ての反則、凶器攻撃が認められるハードコアルールで行われた一戦にアジアタッグのベルトを見せつけるようにして登場した。

試合は若手の小嶋が開始早々に坂口のパイプいすでの連続殴打を受け、グロッギー状態に。大仁田も序盤から坂口の強烈なキックを大動脈瘤ステント手術の縫い跡も残る腹部に受け続けた。終盤にはリング上に置いた長机へのパイルドライバーを岡谷に見舞い、意地こそ見せたものの試合中は、ほとんど戦線離脱していた。

試合自体も小嶋が坂口のハイキック・神の右膝といす攻撃で3カウントを奪われてしまったが、大仁田は試合後のリング上で坂口が表明した電流爆破マッチでのアジアタッグ王座挑戦を「ＤＤＴのリングでやってやるよ」と受諾した。

リング上で急激に動きが鈍った理由を明かしたのは、汗まみれで引き上げてきたバックステージでのことだった。

「坂口のあのキックはすごいよ。手首が折れたかと思ったよ」とポツリ。その後も痛みが全く引かないため、横浜市内の病院に会場から直行。診断の結果は左手首の骨折だった。

「どうしても手術を受けた腹をかばってしまって、手首でキックを受けてしまった。痛みに強い俺でも今回はダメだったね」と小さな声でつぶやくと、3日に検査を兼ねて佐賀県鳥栖市の病院に入院。4日には整復手術を受けることになった。

16年7月27日の対船木誠勝戦でも今回と同様、強烈なキックを受け、右上腕部(右尺骨遠位端)を骨折。同年8月2日にチタン製プレートをボルト6本で留める手術を受けており、今回も7年前同様の手術となった。

「ついつい、おなかをかばって腕が出てしまった。まさか、あんな序盤で骨折するとは…。タッグパートナーを務めてくれた小嶋選手には申し訳ないことをした。大動脈瘤の手術が無事に終わったと思ったら、今度は腕。今年は入院が多いな」と本音がポロリ。

「来週末(7月8日)には、猛毒隊とトークイベントがあってさ。翌日にはFMWEの旗揚げ2周年大会でアジアタッグチャンピオン試合もある。FMWの懐かしいヤツらにも会えるし、前から楽しみにしていた週末なんだ」と前を向くと、「幸い早く手術してもらえそうだから、ギプス付けてリングに上がります。ここを乗り切って23日の全日本プロレス大阪にもしっかり備えますよ」と続けた。

その言葉の通り、7・9鶴見青果市場で開催されたFMWE2周年大会「〜The Origin of OTOKOGI〜」では、手術後5日にして、メインイベントのアジアタッグ王座選手権試合「地獄のデスマッチ5・有刺鉄線ガラスクラッシュ式スパイダーネット地雷爆破+有刺鉄線電流爆破バット+北側有刺鉄線電流爆破デスマッチ」に強行出場。盟友のヨシ・タツと組んで、FMW時代からの盟友的存在のリッキー・フジ、雷神矢口組の挑戦を受けた。

実は2時間にわたる左手首の手術は簡単なものではなかった。

折れた部分にドリルで穴を開け、チタン製プレートをボルトで固定する整復手術。全治まで3か月の診断をほぼ無視しての術後5日でのリング復帰。「邪道」は会場入りまでしていた三角巾も取り去り、チタンプレートを埋め込んだギプスを患部に巻くと、おなじみの入場曲「WILD THING」に乗って、観客に水をまき散らしながら登場した。

ゴングと同時にフジをリング下に叩き落とし、観客席のイスに叩きつけた。反撃に出たフジに患部の左腕を徹底的に痛めつけられ、悲鳴をあげる場面も。場外乱闘で流血した矢口にもＤＤＴをたたき込んだが、体重のかかった左腕の激痛に顔をしかめた。

さらにリング上のパイプいすに左腕を固定されると電流爆破バットを一振りされ、「ウオー！」と絶叫。さらに有刺鉄線ガラスボードに落とされ悶絶も、毒霧を噴射し、反撃。電流爆破バットを骨折していない右腕に持つと、ヨシ・タツと前後からフジにフルスイング。完全ＫＯし、ヨシ・タツが3カウントを奪った。

試合後のリングで血まみれ、汗まみれでマイクを持った大仁田は「腕が折れていても、ウソつきとか、やらせと言われるのがプロレスです。１００％折れてます」と改めて明かすと、「『どんな時でもリングに上がり続けるだけ』と、ジャイアント馬場さんはおっしゃってました。それを俺は全うするだけです。ありがとうございました！」と絶叫した。

ここでリング上に全日本プロレスの田村男児が現れ、「大仁田さん、ヨシ・タツさん、全日本から流出しているそのベルト、俺と佐藤光留さんに挑戦させて下さい」と挑戦表明。ヨシ・タツが「大仁田さん、7・23全日・大阪大会でどうですか？」と問いかけると、大仁田も「いいよ。受けてやるよ」と受諾した。

試合後やっと患部に三角巾を当てると、そのまま行列を作ったファンとのツーショット・サイン会に突入。約100人のファンとのサイン会を終えると、集まった記者たちにまず「俺は全日の選手とやると、すごく楽しいからいいんだけどさ。（骨折が）全治3か月だから、ヨシ・タツに迷惑かけたくないから全力で頑張るよ」と、つぶやいた。

過去の「ウソつき」呼ばわりも笑って受け流してきた「邪道」が突然、本音をむき出しにしたのが、この後だった。

「申し訳ないけど、この折れた腕をウソとか、アングルだとか言わないでほしいんだよね。見てよ、これ」と叫ぶと、自身のスマホを取り出し、チタンの埋め込まれた患部のレントゲン写真を取材陣に順番に見せつけた。

「画像を細工できるとか言うかも知れないけど、俺、そこまでできないから」そう悲しげな表情で続けると「俺は全日本を愛してるから、23日もリングに上がるよ。1人でも多くのお客さんを呼ぶためにと言い切った。

「まだ（有刺鉄線ガラスボードの）ガラスが体中に入ってるけど、俺ら的には23日の防衛戦、決定です。力道山、猪木さん、馬場さんが守ってきたアジアタッグのベルトをもう一度、輝かしいベルトにしたいっていうのが、俺とヨシ・タツの願いですから」と目をギラリと輝かせ、囲み取材を締めくくった。

「ウソ、アングル」と言った声に怒りをあらわにした「邪道」。この時、取材陣にレントゲン写真を見せつけるほど、精神的に追い込まれていたことは事実だった。

兄と慕うテリー・ファンクの死

休養を口にするほど落ち込んだ直接的な要因が確かにもう一つ。

「今年一番ショックだった」

唐突過ぎた悲しい知らせ。それこそがテリーさんの訃報だった。

「まだ、全日で駆け出しの頃、渕（正信）さんと（米テキサス州）アマリロのテリーの家で1か月くらいお世話になってさ。もう、テリーは人気レスラーだったのに、ボロいビニール袋にシューズとパンツだけ入れて、トラックに乗り込んで遠征に行くんだよ。俺や渕さんはいろいろ持ち込んで準備万端なのにさ。ラフだな〜っと思ったし、本当にあの人には大きな影響を受けた」と心底、楽しそうに振り返った。

「正直、全日時代にドリーは渕さんに目をかけていたけど、テリーは『オーニタ、オーニタ』って俺を買ってくれていた。あのテリーがって、随分励まされたよね」

「チャボ・ゲレロに挑戦した時だって、馬場さんが『渕と大仁田、どっちに挑戦させようか?』って聞いたんだ。その時にドリーは『渕だよ』って言ったけど、テリーが『大仁田がいい』って推薦してくれた」と振り返った通り、82年3月、チャボ・ゲレロからNWAインターナショナルジュニアヘビー級王座を奪取した際には、セコンドについたテリーさんがリング下から「オーニタ、ゲレロを叩き潰せ！」と叫び続ける映像が残っている。

既に伝説の一戦となっている93年5・5FMW川崎球場大会。

「ノーロープ有刺鉄線電流爆破超大型時限爆弾マッチ」で死闘を演じたテリー・ファンク㊧と大仁田（1993年5月5日・川崎球場）

4万1000人の大観衆が見守った「ノーロープ有刺鉄線電流爆破超大型時限爆弾デスマッチ」。当時35歳の大仁田が死闘を制した末のリング上で大の字になっているテリーを助けるためにその体に覆いかぶさり、共に時限爆弾の餌食となったシーンがファンの記憶に残っているが、「5・5は永遠だよね。今、場面、場面でテリーのことを思い出しているんだよね」とポツリ。

「まだ、死ぬと思ってなかった…」

絶句した通り、22年、自身が米ダラスでサイン会を開催した際もアマリロの自宅とを携帯電話でつないで会話。テリーさんから「会いたいよ。なんで、俺に会いに来ないんだ。なんで日本に俺を呼ばないんだ」と言われ、最後には「呼ばないと、殺すぞ」とジョークまで飛ばされたという。

21年には現地でのテリーさんとの合同サイン会のプランも持ち上がったが、テリーさんの病状に加え、コロナ禍のため、断念せざるを得なかった。

「俺にとって、プロレス界でとても大きな馬場さんに次ぐ大きなものが逝ってしまった。兄貴だったからね」と寂しげにつぶやくと10・22のテリーさんをしのぶトークショーでも2時間40分にわたって「兄貴」の思い出を語り尽くした。

正統派のファイトの一方、デスマッチも辞さず。そして、繰り返した引退と復帰。良きにつけ悪しきにつけ、自身の現在のレスラー像も「テリーなしでは成り立たなかった」と言い切った上で「どこまで生きるか分からないですけど、自分の一生を全うしようと思ってます。ろくなもんじゃないのは分かってますけど、テリー・ファンクと同じような人生を歩んでいると思ってます」と「兄貴」と自身のレスラー人生を重ね合わせた。

「俺はテリー・ファンクになりたかったもん。来年の俺の50周年メモリアルマッチもテリーを呼びたかった。『スピニング・トーホールド』がかかって、入場するところを見たかったんだよ」と明かすと、「テリーがすごいのはオールラウンドプレーヤーだけど、デスマッチもできること。ドリーは絶対、そんなことしない。幅が広かったんだよ、テリーは」と称賛した。

伝説の5・5の映像をじっと見つめると、「この試合は5万人くらい入ったけど、俺は指が半分くらい取れたんだよ。でも、あそこで（テリーを）助けに入らなきゃダメでしょ。俺は嫌なヤツになりたくなかったもん」と回顧。最後は30年前の「5・5川崎」も長尺で収録されたテリーさんの親族作成のアマリロでの追悼セレモニーの映像を、じっと見つめた。

そして、テリーさんの遺影を胸に抱え10カウントゴングを鳴らして追悼した後、こんな言葉を絞り出した。

「俺も引退詐欺と言われるけど、テリーも最後まで燃え尽きなかったんだよ。男が惚れる男だったよね」

史上最高齢電流爆破マッチ

そんな言葉で「兄貴」を見送った「邪道」は未来の自身が目指す生き様を、そのまま体現しているかのような超ベテランと新潟の地で対峙することになった。

そう、上には上がいた。

日本最高齢の現役レスラー・グレート小鹿は２０２４年４月で82歳になった。出羽海部屋の力士出身で１８５センチ、１１５キロ（全盛期）の巨体を誇り、米国でも「カン・フー・リー」のリングネームで一世を風靡した小鹿は１９６３年に日本プロレスでデビュー。23年にレスラー生活60周年を迎えたレジェンドだ。

同年11・12に大仁田はそんな小鹿と合計年齢１４７歳対決。新潟・万代島多目的広場大かまで行われた新潟プロレスのメインイベントで「史上最高齢電流爆破マッチ」と銘打ち、「電流爆破バット４本有刺鉄線バリケードボードメガトン電流爆破デスマッチ」を敢行した。

大仁田は雷神矢口、佐野直と組んで、小鹿と新潟プロレスの鈴木敬喜、ビッグ・

THE・良寛組と対峙。小鹿は「男一匹　最後のリングへ!!　グレート小鹿」と背中に刺繍《ししゅう》を施した純白のガウンに身を包み、緊張した表情で入場した。

序盤から佐野とリング上でやり合った小鹿だったが、超ベテランは徐々に劣勢に。スキをついた大仁田がその背中に1発目の電流爆破バットを振り下ろし、グロッギー状態に陥れたが、小鹿は3カウントぎりぎりで返し、超満員の会場から割れんばかりの拍手と歓声が湧き起こった。最高齢電流爆破達成の瞬間だった。

「背中から一発来て、びっくりした。あれで動けなくなった」と言う小鹿はダメージのあまり、コーナーに寄りかかったまま立ち上がれなくなり、そのまま戦線離脱。事実上、2対3と不利な状況となった新潟プロレス組は大仁田のイス攻撃にひるんだスキに良寛がマスクをはぎ取られ、矢口は鈴木にこの日2本目となる電流爆破バットを浴びせた。

それでも大仁田らが試合を決めるためにセットした有刺鉄線電流爆破ボードの上で持ち直した小鹿の頭突きで両者もみ合いに発展。大仁田が小鹿に毒霧を浴びせたものの、良寛と鈴木が奮闘して大仁田を被爆させ、形勢を逆転させた。

最後は佐野が小鹿、鈴木からダブルでの電流爆破バットを浴びＫＯされて試合は小鹿組が勝利。試合後、毒霧で緑に染まった顔面のまま若手に支えられて雄叫びを上げた小鹿だったが、そのままズルズルと崩れ落ちた。

ロープにもたれつつなんとか立ち上がり、マイクを手に取った小鹿。

「ありがとうございます…」と声を絞り出し、「僕は覚悟して今日、リングに上りました。

史上最高齢電流爆破マッチ（当時）に挑んだグレート小鹿㊨（2023年11月12日・万代島多目的広場大かま）

皆さんのおかげで、また、リングに上がろうという気持ちで、胸がいっぱいです。ありがとうございました」と続けたところで大仁田が歩み寄り、抱き合うと、がっちりと握手を交わした。

続けてマイクを持った大仁田は「皆さんに問います。81歳で、このリングに立てました。このことを讃えて下さい。今日はありがとうございました！」と絶叫。バックステージでも「81歳で電流爆破。賛否両論あると思いますが、俺は小鹿さんの勇気と根性に敬意を表したい。小鹿さんは日本の超高齢化社会に一石を投じたと思う」と、その勇気を称賛。「やりがいがあると、人は年齢を重ねても力が湧いてくるんだよ。小鹿さんは同世代の人たちに、まだまだ頑張れるって勇気を与えたと思うよ」と続けた。

１４７歳対決から一夜明け、リング上で抱き合った際、小鹿と何かをつぶやき合ったように見えた大仁田にリング上で口にした言葉を聞いた。

「『ご苦労様』とだけ言った。小鹿さんは完全に息が上がっていたから、無言だった。アップアップだったんじゃないかな」。それが答えだった。

カン・フー・リーとして全日本プロレスに凱旋した小鹿と50年の付き合いになる大仁田は「俺は尊敬の念を込めて、小鹿さんに電流爆破バットを振り下ろした。だって、手加減なんかしたら失礼にあたるでしょ。先輩への尊敬の思いだよ」と試合を振り返ると、「自分が81になった時に（小鹿のように）あのリングに上がれるかって、自問したんだよ。でも、答えが出なかった…。所詮プロレスだとか、いろんなこと言う人がいると思うけど、そういうもんじゃないんだよ」

そうポツリと、つぶやいた。

「小鹿さんがまた次もやりたいって言っても、俺は止められない。でも、次（に電流爆破を）やったら、多分、おだぶつだよ。だって、（心臓に）ペースメーカーが入ってるん

82歳の今もなお現役レスラーのグレート小鹿

だよ。でもさ。『死ぬまでやって下さい』って言うしかないじゃない？　控え室ですごいすがすがしい顔してたらしいしさ」と続けた。

「小鹿さんが教えてくれたのは勇気と根性だよ。かっこ悪くたっていいじゃないか。敗戦国・日本が戦後、これだけ立ち直った原動力は小鹿さん世代の勇気と根性だったと思うんだよね」と、しみじみ話した後、「負けたくないって思いがプロレスラーのすべて。小鹿さんを突き動かしたのは、はっきり言ってレスラーとしての『性《さが》』だと思うよ」。そう淡々と話した。

では、全日時代から半世紀以上の付き合いとなる小鹿自身は大仁田の「死ぬまでやって下さい」という言葉をどう受け止めるのか。

全盛期から182センチ、87キロまで縮んだ小鹿の体はまさに満身創痍。2019年に不整脈と診断され、心臓にペースメーカーを装着。4年前に胃がん、3年前に大腸がん、2年前には膀胱がんを患い、抗がん剤治療を続けている。

史上最高齢電流爆破と銘打たれたリングにも「最後のリングと覚悟して上がった。（電流爆破での殴打は）『熱い！』って、ビックリした。後ろから殴られて倒れて、もう動けなくなっちゃったね」と振り返った不屈のレスラーに大仁田からの「死ぬまでプロレスをやって下さい」という言葉を伝えると、「フフフッ」と心底、楽しそうに笑った。

出会いは15歳の大仁田が全日に新弟子1号として入門した51年前。カン・フー・リーのリングネームで、米国で人気レスラーになっていた小鹿が選んだ舞台が全日だった。

「俺が入門した頃、小鹿さんたちが日本プロレスから新日に行かず、全日に合流してきた。アメリカで一世風靡しても戻って来てくれたのは感謝している」と大仁田が振り返る一方、小鹿は「彼は素直なかわいい坊やだった。付き人として（ジャイアント）馬場さんのそばから片時も離れない。荷物持ちも先輩の言うことを聞いて一生懸命やっていたね。正直な男で弟みたいな感じだった。馬場さんにはかわいがられて『養子に』って話も聞いたことがあるほどだった」と、その印象を明かした。

「でもね。馬場さんのシューズとか、よく忘れては（先輩レスラーの）マシオ駒

（76年死去、享年35）とかにガミガミ怒られていたね」と回顧。大仁田の「馬場さんのそばにいつもいるってことで相撲出身の先輩レスラーに散々いじめられたけど、小鹿さんだけは優しかった」という言葉の通り、小鹿も「ドロップキックだけ膝が曲がってかっこ悪かったから『膝を伸ばして蹴れ』って、アドバイスしたことがあった。それ以外は注意したことはないね」と明かした。

小鹿自身が出羽海部屋所属の力士出身。「自分もいじめられて相撲をやめたから…。相撲界は『無理へんに拳骨《げんこつ》』という言葉が堂々と歩いている世界だったから、プロレスに入ってからは、いじめだけはやめようってね」というポリシーがあった。「彼については馬場さんからも『ちゃんと面倒見てやれよ』と言われていた。アメリカでジュニアのチャンピオンになったのも、馬場さんからしたら、かわいい子を旅に出すようなものだったと思う」と優しいまなざしで振り返った。

24年5月9日でレスラー生活60周年を迎えた超ベテランは、これまで一度も引退を口にしたことはないが、7度の引退、復帰を繰り返してきた「邪道」についても「彼の方が苦労してると思う」とだけ言った。

「俺は16歳の時の盲腸以外、76歳まで医者にかかったことがなかった。それに比べて彼は27歳で（左膝粉砕骨折で）病院行って、その後、病気もしてるだろ。彼の方が医者にかかった歴は多い。俺とは忍耐力が違うと思うよ」と静かな口調で話した。

その上で「彼の中には常に次への好奇心がある。それが原動力。一度、山に登って頂上を見たら、それでいいやと思う人もいるけど、彼はもう1回登ってみたいと思うタイプ。次の景色を見たいと7回もカムバックしたんだから。満足感が足りなくて、次の山を目指す姿勢は素晴らしいと思うよ。大体、電流爆破という山も自分で切り開いたんだから」と続けた82歳。

大仁田に対する「ウソつき」などの批判についても「ウソつきなんて言葉はこの商売には付き物だよ。ファン１００人いるうちの50人が手を叩いてくれたら、それで50％でしょ。その数字は素晴らしいことで批判の50％の中にも内心喜んでくれている人がいるんだよ」と冷静に分析。

「俺の試合だって『81歳をリングに上げるなんて』って批判は付き物。笑われたら、俺も〝なにくそ〟って思うし、俺に対してなんでも言ってくれ。それが俺のエネルギーになるんだって。批判に対して反発するんじゃなく、笑ってやりすごすようにならないと。長くプロレスラーとして過ごしているうちに、そういう気持ちになれたのも長持ちする秘訣だったと思うよ」と笑顔で胸を張った。

全日時代から半世紀の付き合いになる超ベテランは11・12のリング上でまったく動けなくなった時に大仁田にかけられた言葉「ご苦労様」の一言について「聞いた瞬間、グッと来た。ボソッと言ったからさ」と振り返り、「年齢じゃないんだよ。言葉でなく、目で会話できる。それが兄弟弟子なんだよ」としみじみと口に。「大仁田選手はまだまだ道半ばだ。これからも体だけ気を付けて、この道を通り抜けて行ってほしい」と渾身のエールを送った。

大仁田と小鹿はその後、24年1月27日の全日・八王子大会で「史上最高齢・三途の川電流爆破デスマッチ」という、とんでもないネーミングの試合で今度はタッグを組んだ。

小鹿、雷神矢口と組んで、ミスター・ポーゴ、怨霊、櫻井匠組と対戦した大仁田。81歳（当時）とは思えない、しっかりとした足取りの小鹿と共にリングインすると、ゴングと同時にポーゴらに襲いかかったが、悪のトリオはいきなり最高齢の小鹿を後ろから電流爆破バットで殴打する暴挙に。

場内に「ひどい！」、「死んじゃうぞ！」などの悲鳴が上がる中、小鹿はなんとか復活。パイプいすで3人を次々とぶん殴ると、185センチの長身から全盛期を思わせるのど輪落としまで披露した。

ともにチェーンで首を絞められ、劣勢となり、息切れした小鹿が酸素吸入器を口にする場面も。大仁田が大先輩をかばい、電流爆破バットのエジキとなる場面もあったが、最後は大仁田が怨霊の顔面に毒霧を噴射。矢口と前後から電流爆破バットでサンドイッチ殴打し、3カウントを奪った。

試合後のリングでマイクを持つと「小鹿さん、みんな応援してくれましたよ。皆さん、小鹿さんの一言聞きたいですかー？」と問いかけた大仁田。

これに応じて、マイクを持った小鹿は「ありがとうございました」とまずペコリ。「電流爆破、何がなんだか、さっぱり分からなくなりましたが、皆さんの応援のおかげと、1、2、3の3カウントを数えてくれた大仁田君のおかげで勝てました。あと何回、リングに上がれるか分かりませんが、これからも頑張っていきます」と言い切り、満場の拍手に包まれた。

マイクを引き取った大仁田は「小鹿さんがいつまで生きるか分かりませんが、これからも最後までリングに上がり続けると思います」と、やや失礼な言葉に続けて「頑張れ、小鹿！ 1、2、3、ファイヤー！」の絶叫で締めた。

バックステージでも「邪道」は「賛否両論あると思うけど、81歳でリングに上がれるか？って聞かれたら、俺ならNOと答えると思います。リングに上がり続けるパワーと元気は捨てがたいと思います」と称賛した。

では、小鹿が「次への好奇心が原動力」と分析した大仁田のレスラーとしての原点はどこにあるのだろう——。長崎有数の資産家の家庭に生まれ、「大仁田のお坊ちゃん」と呼ばれた時代に遡る。

第2章　全日本プロレス入団

1957年、生まれたばかりの大仁田厚を抱く母・巾江さんと父・平八郎さん

3回殺そうと思った父・平八郎

１９５７年10月25日に長崎県長崎市で生まれた大仁田厚。小学校までは実家がとてつもなく裕福で親族を「おかあちゃま」「おとうちゃま」「おじいちゃま」と呼ぶ超お坊ちゃまだった。

当時、体重45キロの母・巾江《きぬえ》さんが４０００グラムで産んだ長男が厚。祖父・半次郎さんは長崎市で大仁田風呂敷屋を経営していた。ちりめんで作った風呂敷が外国人に飛ぶように売れる一方、相場師としても一流で資産は３００億円とも言われ、長崎県内の長者番付常連。長崎市内に３０００坪の土地を所有する大金持ちだった。

巾江さんによると、「何か国語もぺらぺら」の国際人だったという半次郎さん。その長男が１８２センチの長身と巨体の持ち主で大相撲に勧誘されたこともあった厚の実父・平八郎さんだった。

婚約者がいた巾江さんを〝略奪〟する形で結婚したが、後に株取引で大失敗。長崎にいられなくなり、大仁田が小学3年の時に巾江さんと離婚。「祖父の財産を億単位で使ってくれた」（巾江さん）という道楽者で、大仁田家の資産をほぼ一人で食い潰してしまった。

２００５年11月6日に75歳で亡くなった平八郎さんについて「3回くらい殺そうと思った」と、苦笑しながら振り返った大仁田。

「カネがなくなると、息子や娘からせびって。じいちゃんからは何億もせびって。妹からもせびるし。カードを貸せって言うんですよ。50万円くらい使って、そのままバックレるんです。いつの間にかキャッシングされてたりね」と訴えた。

両親の離婚後は長男ということもあり、きょうだいの中で一人だけ父方に引き取られた。

「オヤジは西麻布の角のビルの7階で婦人服のメーカーの店をやってたんです。あまりうまくいかなかったのか、会社を７０００万円くらいのキャッシュで売った。床の間に風呂敷で包んだ７０００万円が置いてあるんだけど、それが減っていくんですよ。毎日、毎日、競輪に行ったりして。何か月か経ったら、風呂敷だけになって。道楽者もいいとこで競輪にいくらつぎ込んだか分からないけど、確実に何億というカネをつぎ込んだ」と振り返ると、「そうしたある日、オヤジは『おい、厚。長崎帰るぞ』って。小6の時だった。『えっ⁉』と思って。その時初めて福岡までのプロペラ機に乗って帰ったんです。（裕福な）じいちゃんに言えば、なんとかなるって感じだったんでしょうね」と推測した。

事業に失敗しての文字通りの都落ちでの長崎への帰郷。父の没落とともに大仁田の「お坊ちゃま」時代も強制終了した。

中学時代には自立のため新聞配達に励んだが、「俺が新聞配達して修学旅行のために稼いだ4000円まで競輪につぎ込むわけですから。『男は胆力を持たなきゃいけないんだ。4000円や5000円でガタガタ言うな』って言うわけですよ。こっちは学校に行く前に朝4時に起きて新聞配達してるわけじゃないですか」と、この時ばかりは声を荒らげた。

「俺が参院議員の時も杖をついてやってきて、ヨロヨロっとして『厚、俺はもう長くない。保証人をやってくれ』って言うわけですよ、2000万円の借金の。カネのある時は絶対、電話してこないくせに」と厳しい口調で振り返りながらも「オヤジとしては許せないんだけど、人間としては、こういう人間がいてもいいかなって。いろんな事業をやっては中途半端に終わる。多分、気性的に全部、使わないといけない感じ。普通じゃないんです」と破滅型にも見える父の生き方を分析した。

「そういうオヤジを見ていると、いけないな、いけないなと思うけど、俺も似てるんだよ。なんだかんだ言って似ている。出たとこ勝負っていうか」

そう続けると、「俺はオヤジから逃げたかったんだと思います。お袋方の親戚の所に行くことをオヤジはものすごく嫌った。殴られましたよ、行くのがバレると」と一種の呪縛まであったことを明かした。

「でもね、そんなオヤジがよく叫んだ『人生、1回きりじゃ！』の影響はある。そんな生き方をしてきたオヤジだからこそ、俺が『日本一周に行く』と突然言っても全然、反対しなかった。『行ってこい』って」

「オヤジとお袋が別れた時点で俺の人生は俺のもので、自分で決めるものだと思った」と振り返った冒険人生の原点こそが15歳の時、突然思い立った徒歩での日本一周旅行だった。

小学3年で両親が離婚し、兵庫県西宮市に転居した巾江さんとは離れ離れになった。そんな何者でもない少年が長崎の瓊浦高校を3日で中退、長崎県庁に乗り込んで「僕は日本一周します」と宣言したのだ。

今でも波瀾万丈の人生を送る長男を「おにいちゃま」と呼ぶ母・巾江さんは「私はもう神戸にいたんですけど、おにいちゃまのあの行動には驚きました。自分で新聞社に『俺、日本一周に行くから記事にして下さい』って売り込んだんですよ」と振り返った。

この時の決断について、大仁田自身は「このままの人生じゃ面白くないと思って。何か人が驚くこと、人がやってないことがしたいって、徒歩で日本一周に出たんだ。自転車じゃないよ。1日60キロくらい朝から晩

長男・厚について語る母・巾江さん

まで歩いて、60日かけて神戸まで行った。地図を持って行った」と遠い目で回顧。
「はっきり言って、目立たないように生きようとか、人に尊敬されるように生きようとか、いくらでも格好はつけて生きられるんですよ。利口な生き方ってのは。でも、俺は利口な生き方はできないんですよ。本能のままに生きてるんです。自分がやりたいと思ったら、やるわけですよ」と続けた。

大仁田の実父・平八郎さんと離婚後、松原茂二さんと再婚した巾江さん。茂二さんとの間にもうけた息子・松原孝明さん(48)は現在、大東文化大法学部・大学院法学研究科教授として、民法の権威になっている。そんな孝明さん一家と暮らす千葉県内のマンションで巾江さんは、大仁田について「(プロレス界で)すごくいい男性に育ててもらったと思う」と、しみじみと言う。

自身も2023年6月に心臓のカテーテル手術、24年に入ってからは乳がんの手術を受け、療養中だが、体調さえ戻れば前年、高尾山の麓《ふもと》に開業したうどん店の店先に立ちたいと希望するほど元気いっぱいの89歳。大仁田の参院議員時代は秘書も務め、東京・五反田でイタリア料理店「ファイヤーママ」を経営する傍ら介護施設も運営していた。

大仁田の出身地・長崎弁で言うところの「のぼせもん」。「やり出すと止まらない性格だ」と自己分析する。

そんな巾江さんに「おかあちゃまが離婚したことは自分の人生にプラスになった。恨んではいない。そうでなかったら、ボンボンのまま、大学行って世界一周とかして、遊んでいただろう。でも、パンツ一つで世界を回れるレスラーになって良かった」と言う大仁田の言葉を伝えた。

「私のことを『わがままなんだから』と言いながら、バックアップしてくれて、やりたいようにさせてくれているのは息子たち。自分も力があるうちは何かをしたい。まだ死ぬ気がしない。おにいちゃまも一緒だと思います」と淡々と話した巾江さんだが、「厚はケガは何回もだし、死にかけたこともあるけど、私は一緒になって生きてます」と続けた時の声は震えていた。

24年、大仁田が迎えたプロレスラーデビュー50周年についても「レスラー50年、素晴らしいと思う。あっぱれです」と称賛すると、「厚は燃え尽きるような生き方しかできない。レスラーも私譲りだからやめないと思う。前も死にかけているし、身体はボロボロだと思うけど、素晴らしい人生だと思う。死ぬほど心配だし、代われるものなら全部引き受けてあげたいとも思う。代われるのなら、いつでも身代わりになります」。きっぱりと口にした。

66歳にして体を張り、電流爆破マッチのリングに身を投じる息子に「どう評価されるかは分からないけど、自分の生き方を達成してほしい。希望通りバンザイと言ってほしい。自分の人生を全うしてほしい」と願った母は「『邪道』として生きられる人なんて、そうはいない。自分の生きたいように生きられる人なんて、そうはいない。生き延びるというよりは自分の思いのままに。年齢とかじゃないと思う。生き様を提示できたら、歴史に残る厚だと思います。私も自分の作った服を着古してほしい、使い倒してほしいと思うから、厚のこともファンが使い倒してほしい。それが厚の生き方そのものでしょ」と目を輝かせて言った。

ジャイアント馬場との運命の出会い

そんな巾江さんを驚かせた大仁田少年の日本一周徒歩旅行は意外な形で終わりを告げる。長崎県内有数の豪邸だった自宅の火災による消失―。そして、この不慮の事故こそが「プロレスラー・大仁田厚」を生み出すきっかけとなる。

そう、1本の電話が「邪道」の人生を変える。

徒歩での日本一周の旅に出た60日後、巾江さんが住んでいた兵庫県西宮市に着いて平八郎さんに電話すると、受話器の向こうで父が叫んだ。

「家が焼けた。帰ってこい」

「半年かける予定の日本一周だったけど、西宮からオヤジに電話したら、家が焼けたって言うから慌てて長崎に帰った。後から聞いた話によると、(借金苦の)オヤジが意図的にガスをひねったんじゃないかという話があったくらいだった」と振り返る。

長崎に戻り、1週間ほどかけて家の焼け跡を黙々と掃除した大仁田少年は「さあ、もう一度、西宮に戻って、日本一周を再開しよう」と意気込んだが、ここで「運命」の瞬間が訪れる。

長崎から、まずは西宮まで1時間で行ける神戸行きの午後9時台の寝台特急を予約したが、出発直前、乗り遅れてしまった。

「ホームまではなんとかたどり着いて、バーッと走ったんだけど、走り出した列車の後方に追いつくのがやっとだった。ああ、間に合わなかったって」と大仁田。

「あの電車に乗れなかったのは、運命的だった。乗っていたら、また別の人生があった。西宮に着いた後、神戸の親戚の家の梱包屋でアルバイトしていたから、そのまま就職していたかもしれない」と言った後、「でも、こうも思ったんだ。日本一周もいいけど、プロレスラーになったら、それこそパンツ一丁で世界中行けるんじゃないかって。日本より世界の方が広いじゃないかってね」

西宮行きの電車で帰り損ねてから1か月後、プロレス界への扉が唐突に開く。

平八郎さんが大仁田家の3000坪の敷地内に建てたのがナイトクラブ・孔雀園。名優・勝新太郎始め長崎に来た有名人は必ず足を運ぶ名店の常連客の一人に全日本プロレスの九州地区のプロモーターがいた。

「オヤジがその人に俺を紹介した。『息子がプロレスが好きで』って。そうしたら、馬場さんに紹介するからって」。もともと「ＢＩ(馬場・猪木)砲」が大好きで日本一周達成後はアメリカに渡ってプロレスラーになりたいと夢想していた15歳。一度は平八郎さんが断ったが、その後、大仁田自身が入団を決意。直後に上京し、学ランのまま全日の東京・蔵前国技館大会に平八郎さんと足を運び、馬場さんとの初対面を果たした。

「オヤジと2人で控え室に入ったら、馬場さんがいて。『でけーっ！』と驚いていたら、会った瞬間に『おお、分かった～。寮に入れ』って。俺の肩に手を当てて『頑張れよ～』って言って、その場で入門が決まったんです」

当時の体格は１７５センチ、56キロ。自分のどこを馬場さんに見込まれたのか全く分からないまま「オヤジはそのまま帰らされて、馬場さんが(当時の付き人だった)佐藤昭雄さんに『この子、寮に連れて行け～』って、その夜、目白の寮に入った」

当時の全日は道場も山田ジムというキックボクシングジムに間借りしていた状態。「寂しかったですよ。何も分からないから不安ばっかりだった。ビックリしたのは、翌日から巡業ですよ。巡業先で佐藤さんがパンツとかズボンとか買ってくれて。馬場さんたちはグリーン車に乗ってるけど、俺たちは普通車に乗って、座るところがないから、ずっと立っていたんですよ」という激動の日々が始まった。

「渕さんがその前に入っていたけど、辞めて北九州に帰ってたんです。佐藤さんの後ろについていてヘルプしていて3か月したら、俺が5代目の付き人になっちゃった」という流れで

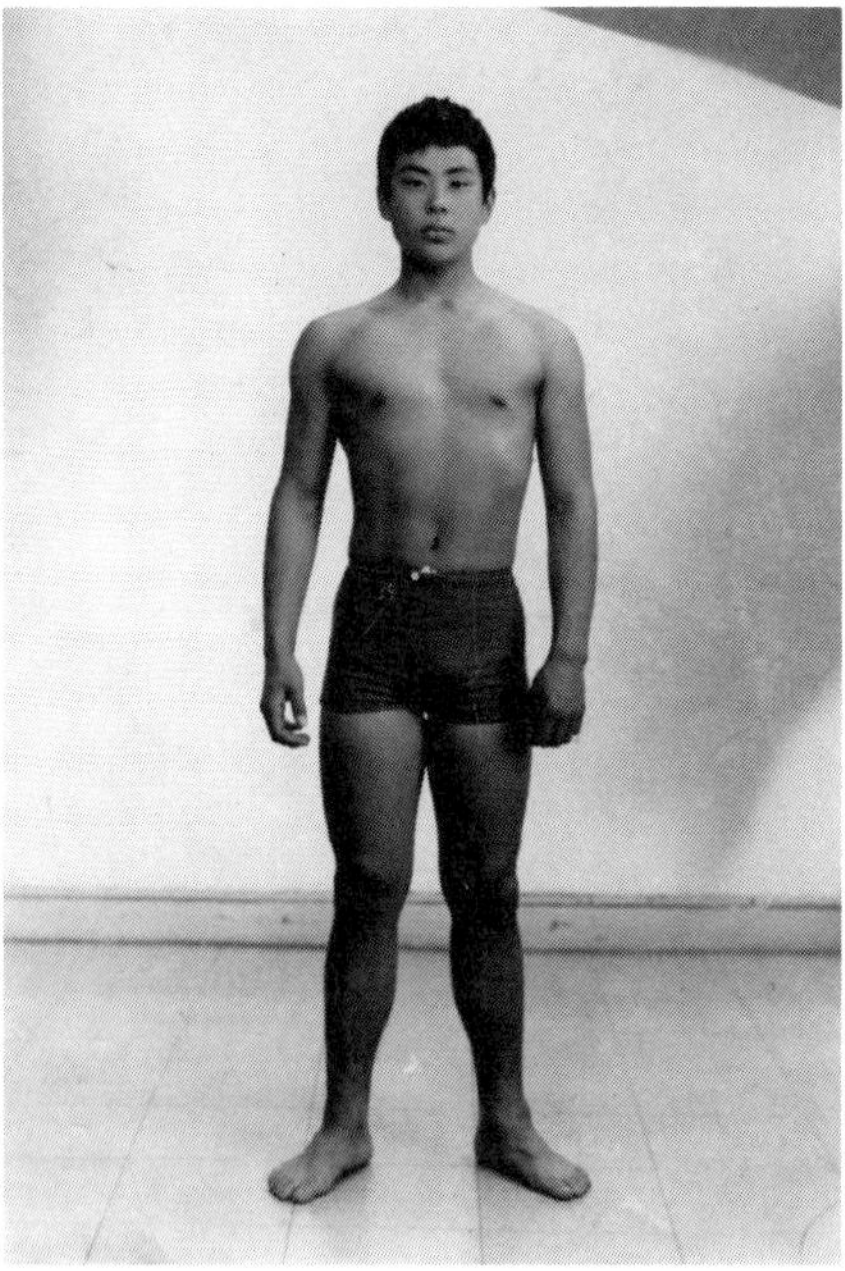

全日本プロレス入門当時は175センチ、56キロとほっそりしていた

馬場さんの付き人になった。遠征続きの中、馬場さんに密着してリングシューズ、パンツ始め4つのトランクを運ぶ日々が始まった。

「その時、少年ながら思ったよ。トップに付くのは大変だなって。トップに付いたら、そりゃ、いじめられますよ」

そう振り返った通り、「無理へんに拳骨」がまかり通る大相撲出身のレスラーが多かった当時の全日内部では「いじめ」も横行していた。

「青森から青函連絡船に乗って移動して。列車の中で殴られた。全日本って、大相撲から来たり、最初のスタンスが新日本とは全然違ったんだよね。名前は出せないけど、相撲出身の人たちには本当にいじめられた。馬場さんに付いていると、いじめられるんですよ」と、この時ばかりは顔をゆがめて明かした。

「あの頃、馬場さんのゴルフ道具、（ザ・）デストロイヤーのゴルフ道具、あと、生活道具を全部1人で持たなきゃいけなかった。それを誰も助けてくれないんだよ。先輩たちに『おまえ、調子いいんだよ！』って電車の中でボコボコにされたりさ。今の時代だったら、暴力だって訴えるんだろうけど。かわいがりは当時、暴力じゃなかったから」と振り返った新弟子兼馬場さんの付き人の日々。

「それでも、ついていくしかなかった。帰れないじゃないですか」と、悶々としながらも大仁田少年は徐々にスターレスラーとしての力を付けていった。

そして、「いじめ」も我慢できた背景には1日24時間、密着し続けた馬場さんの底抜けの魅力があった。

「最初は巨大過ぎたけど、どんどん馬場さんの魅力というものに惹かれていった。子どもながらに感じるんですよ」

今でもそう目を輝かせて話す大仁田。「世界の巨人」との73年の出会いから、99年の死による別れまでの27年間は、こんな日々だった。

入門即スクワット3000回に桜田一男(ケンドー・ナガサキ)、時にジャンボ鶴田ら一線級の選手とのスパーリング。体を大きくするために毎食ごとに丼飯20杯を食べては吐き、吐いては食べの繰り返しの日々の中、大仁田は1年弱で体重を56キロから90キロまで増やし、戦える体を作っていった。

その頃、徹底して叩き込まれたのが、馬場さんの「プロレスは受け身だ。受けがあってこそ攻めが光る」という教えだった。

「新日本プロレスは攻撃型。自分を強く見せるのが第一というのが猪木さんのポリシー。馬場さんの考え方は受け身が全て。相手を尊重する。相手の技を全部受ける。三沢（光晴）さんが亡くなった根本にもそういうところがある。攻撃型が好きな人と受け身型が好きな人とで、二つのカラーが分かれたんです」と両団体の違いを説明した。

「だから、いつも馬場さんにケンカを売ってくる猪木さんが嫌いになりました。テレビを見ていたら『猪木さんはかっこいいな、スローな馬場さんよりも』って思ったけど、ずっと馬場さんに付いていると、その人間性とか、いろんなものが見えてきて…。馬場さんを好きになりました」

「猪木さんなんて世間に対する影響力を示したいって選挙に出るし、事業にしろ、いろんなことをするけど、馬場さんはプロレス以外、余計なことは一切しなかった」と振り返り「変な言い方すると、僕は馬場さんがかわいかったんです。かわいかったは失礼な話だけど、馬場さんが好きになりました。あの体なのに、とにかく繊細なんだよ。子どもながらに感じるんですよ。変な魅力ですね」と微笑む。

だが、一レスラーとして力を伸ばしていく中で愛憎相半ばする瞬間もあった。

「憎いという気持ちはなかったけど『なんで俺にチャンスをくれないんだ』って。一番最初に（米国遠征に）ハル薗田が行っちゃうんですよ。『俺、一生懸命やってるのに』ってのがあったから」

その瞬間、顔をゆがめながら明かしたが、馬場さんと生きた日々の思い出は今でも色あせない。

「馬場さんはオシャレだった。ハリウッドで『おい、行くぞ』ってプロモーターが用意してくれたリムジンでハリウッドのグ

付き人だった大仁田を温かく見つめ続け、トップレスラーに育て上げたジャイアント馬場

ッチに行くんだよ。その場で特注の靴を3足買ってさ。バックは全部、ルイ・ヴィトンだった。馬場さんのおかげで俺は15歳でブランドを知った」

「高倉健さんが『馬場さん』って（あいさつに）来た時もハマキをくわえて、上を見ながら『おお～、どうも～』って、それだけですよ。天下の高倉さんにも頭を下げないような人が野球界の先輩の金田正一さんとか青田昇さんには『はいっ！』って90度最敬礼で頭を下げるんだから、不思議な話だよね。金田さんたちに『おお～、馬場』って言われているのを目の前で見てるから。金田さんも『馬場はプロレス行って良かったな』って言ってたね」

「FMWで成功したら『おい、いい車乗ってるな。ゴルフクラブ買ってくれよ』って言ってきたこともあった。馬場さんがキャデラックが好きだったから、その頃、俺も新車でキャデラックを買ったりした。馬場さんを俺のキャデラックに乗せた時は本当にうれしかったよ」

付き人3年目の、こんな出来事も明かした。

既に全米でもトップレスラーとして認められていた馬場さんの元に「007　私

を愛したスパイ」、「ムーンレイカー」の両作でリチャード・キールが演じた身長2メートル18センチの敵役「ジョーズ」の出演依頼が舞い込んだのだ。

目の前でハリウッドの映画制作者とのやり取りを見ていた大仁田は「馬場さんは何百万ドルの契約の話を『俺は日本の試合を休むわけにはいかない』って断った。横で聞いていて、ガッカリしたよ。でも、一つの団体を支えるのは大変。休めないし。馬場さんなしでは巡業も回らないから」と、ため息まじりに明かした。

後にFMWの大看板として活躍した際に生きる「団体のエース」としての生き様をその時、学んだ。

FMW時代には、こんなこともあった。

「馬場さんを電流爆破に誘ったら『おい、大仁田〜。それって痛いのか?』って。最終的には馬場さんが『いや〜、三沢とジャンボが反対するからよ〜』って言って実現しなかったけど、あの時、馬場さんをリングに上げていたら、国立競技場で6万人入ったよ。あの時、俺は『(収益は)全部あげます』って言ったんだけど、馬場さんはニコニコ笑うだけだったね」

自身の引き際、そして永遠の別れの際にも絶対に忘れられない瞬間があった。

１９８４年の引退、全日退団時についても「馬場さんからじゃないですよ。僕から言ったんですよ。『これ以上続けることはできないと思います』って。そうしたら、馬場さんが『そうか、終わりか』って言って…。（引き留めは）なかったです。そういう人ですよ。声をかけようと思っても一言で終えてしまう」とポツリ。

付き人として全てを捧げ、また生き様を始めあらゆるものを吸収した師匠は99年1月31日、大腸癌（上行結腸腺癌）の肝転移による肝不全のため61歳で亡くなった。同年4月17日に東京・日本武道館で行われたお別れの会「ありがとう」にも大仁田は「全日を出ていった人間」「ライバルとなる他団体を作った人間」と見なされ、参列がかなわなかった。すべて、馬場さんの妻・元子さん（18年死去、享年78）の意思だった。

「お別れの会も俺は（アブドーラ・ザ・）ブッチャーや（タイガー・ジェット・）シンと一緒に呼ばれなかった。事前に『（団体を）出た人間は呼ばない。来てもらっちゃ困る』って、元子さんから連絡が来てさ」

この時だけは寂しそうに話した大仁田は「僕は馬場さんの付き人」という言葉を何度も繰り返した後、「馬場さんは持病を抱えていたけど、それをひた隠しにしないといけない付き人の使命もあったんだよ」と、病名だけは口にしなかった。

そして、もう一つの疑問。

「京平さんが馬場さんに『今まで一番かわいかったのは誰ですか?』って聞いたら、俺だって答えたらしいよ」とも話した大仁田の言葉は真実なのか。

「京平さん」とは15歳の大仁田を入門の瞬間から今に至るまで温かい目で見つめ続ける3歳年上の伝説のレフェリー・和田京平のこと。馬場さんの最期も看取った男が「炎の稲妻」とも呼ばれた素質あふれる少年だった大仁田の〝あの頃〟、そして馬場さんと大仁田の真実の関係を明かす。

全日本プロレスの
若手時代

NWAインターナショナル・
ジュニア王座のベルトを奪取
し、誇らしげな笑顔

今明かす大仁田厚の真実①

和田京平レフェリー

ジャイアント馬場さんが定宿とし、年間最も利用した客として表彰されたこともある東京・赤坂のキャピトル東急ホテル。フロント横のラウンジ「ORIGAMI（オリガミ）」で馬場さんが一息で飲み干したというアイスティーを口にしながら、全日本プロレス伝説のレフェリー・和田京平は、こちらの質問に「それは事実だよ」と即答した。

和田京平レフェリー

大仁田が「京平さんに聞いてみな。馬場さんに『今まで一番かわいかったのは誰ですか?』って聞いたら、俺だって答えたらしいよ」と口にした言葉の真偽を尋ねた時だ。

15歳から5代目付き人として馬場さんの身のまわりの世話一切を手がけていた大仁田。1972年からリングスタッフとして全日入りし、74年にはレフェリーデビューしていた〝先輩〟から見ると、少年・大仁田は「丸々とした栗頭みたいな坊主でかわいかったけど、いいかげんなところもあって『なんだ、こいつは！』って思うことも多かった」という存在だった。

　馬場さんがメインイベンターとして60分3本勝負の試合を戦う際は最初の1本を取った後、付き人がタオルで馬場さんの体を拭くしきたりがあった。だが、大仁田は自身でタオルを用意せず、和田ら裏方に「馬場さんが使うタオルを持って来て下さい」と命じることもあったという。

「なんで俺らが―。冗談じゃないって。そんな生意気なところがあったから、こっぴどくいじめられてもいたけど、何か憎めなかったんだよね」と振り返ると「謝り方も愛嬌があってさ。独特のペコペコっていう。タオルがいい例でさ。なんでも自分で解決せず、人に解決させようってところがあったけど、意外と許せた。そういう要領のいいところも大仁田厚だったんだよね」と笑顔で続けた。

　だから、ある時、馬場さんが後部座席に座るキャデラックのハンドルを握りながら、和田は聞いてみた。

「歴代の付き人の中で一番かわいかったのは誰ですか?」と。

「う〜ん」とうなった馬場さんは「大仁田だよ。あいつはかわいいんや」と答えたという。

「あんないい加減なヤツがですか?」と思わず聞き返すと、馬場さんは「あいつは巡業中、俺らがゴルフに行ってホテルに帰ると、必ず玄関の前で待ってるんだ。あいうところがかわいいんだよ」と理由も説明。その時、和田の脳裏に浮かんだのは馬場さんが常々、口にしていた「京平よ、ゴマをすれよ」という言葉だった。

「ゴマをすられて気持ち良くないヤツはいないんだ。野球に例えると、同じレベルの2人がいるとして、片方はゴマをする、片方は何もしてこない。どちらをレギュラーにするって時にはゴマをするヤツの方が選ばれる。俺が巨人の2軍にいた時に俺はゴマをすらない、森(昌彦=当時)はゴマをすった。これが1軍に上がれるか2軍のままの差なんだ」と馬場さんは言ったのだという。

　その言葉を思い出しながら、和田は「そのゴマのすり方がうまかったのが、大仁田厚だったんだよ。ゴルフ場の話だって、大仁田は事前に電話を入れて、馬場さんたちが何番ホールにいるかを調べていたんだ。その時間に合わせて馬場さんが戻ってきた時にホテルの玄関にいるようにする。そういうところが、あいつがずば抜けていたところなんだ」と分析した。

「俺は大仁田を憎めない。あれだけ馬場さんが好きだった男を俺が嫌っちゃいけないって。馬場さんがあれだけかわいがった男だから」と繰り返したが、大仁田はただの「ゴマをすることがうまい」少年ではなかった。

大相撲出身の巨漢たちに「いじめ」、いや、しごかれながらレスラーとしても大きく成長していく。その成功、そして大いなる挫折を常にリング上で見つめていたのも、また和田だった。

リング上でも着々と力を付けていった少年を「体を大きくするにつれて、鏡の前で必ず自分の身体をチェックしていた。ボディービルダーのようにね。歩く時も必ずつま先立ち。大きく見せたいのと馬場さんの教えの『体を大きくしろ』を実践してたんだね」と評価すると、「大仁田は毎日、前座の第1試合に出るんだけど、百田光雄さん、ミツ・ヒライさん、佐藤昭雄さん、伊藤正男さん、190センチ以上あったロッキー羽田さんとか大きい人たちにバンバンやられていた。やられてはいるけど、いろいろな技を教えられて、戦いの中で強くなっていった。ミツさんたちにものすごい鍛えられているのを見て、絶対強くなるなと確信していたよ」と回顧した和田。その言葉通りブリッジの美しさとフィニッシュ・ホールドのジャーマン・スープレックスを武器に大仁田はめきめきと成長していった。

1982年3月には米シャーロットでチャボ・ゲレロを撃破し、ジュニアの最高峰・NWAインターナショナル・ジュニア王座を戴冠。24歳の時だった。

「全日の醍醐味は馬場さんからの伝統であるヘビー級のぶつかり合い。ヘビーには試合の迫力で勝てないと思われた中、彼はジュニアでチャボとやり合って、ジュニア流の頑張り方を見せつけた。技も豊富だったし」と認めた和田だったが、「何より彼は目立ちたがり屋だった。チャンピオンにはいずれなると思ったけど、チャンピオンになった途端、偉そうになったのも大仁田らしかった。何より歩き方が変わった。栗坊の頃を知っているだけに『あのヤロー、チャンピオンになった途端、変わりやがって』とは思った」と、きっちり付け加えることも忘れなかった。

そして馬場、ジャンボ鶴田、天龍源一郎に次ぐ全日第4の男としてスターとなった大仁田だったが、大きな落とし穴が待っていた。

83年4月20日、東京体育館でのヘクター・ゲレロとの防衛戦。勝利後にリング下に飛び降りた際、左膝を強打。左膝蓋骨粉砕骨折の重傷で、そのまま慶応病院に直行となった。

この試合もレフェリーとして裁いていた和田はリング上から見た、その瞬間を克明に覚えていた。

「ほんの1メートル10～20センチの高さから飛び降りただけだったけど、大仁田が『あ～っ！』と叫んで全く動けなくなった。一瞬の油断みたいなのが一番怖いんだよね。原因は蓄積した疲労だと思う」

そう言うと「彼はエスカレーターのように順調にチャンピオンの座まで昇ったけど、その瞬間、今度はエレベーターのように真下に落ちてしまった。ただ、かわいそうなんて思わない。けがはレスラーなら当たり前なんだ」と淡々と続けた。

1年後の大仁田の引退、全日退団劇を「彼が自分から（マイティ井上戦で）負けたら引退するって言っちゃった時は『おい、おい、何言ってるんだ、コイツ』って思ったけど、本人の中に（引退への）きっかけが欲しかったんじゃないかな。辞めるというより、これで辞められるというか」と推察すると「けが持ちの自分（との試合）で相手にも負担がかかるのは面白くないし。レスラーは休んでいる間が一番怖いんだ。三沢だって、膝（の故障）で休んだ時にいろいろ考えて、馬場さんに反旗を翻してしまった。馬場さんだけはいないと困るけど、三沢、大仁田ですら、いなくても代わりはいて団体は困らない。彼らにしたら『なんだ、俺がいなくても大丈夫なんじゃないか』っていう寂しさがレスラーにとって一番の恐怖なんだよ」とつぶやいた。

7度の引退、復帰を繰り返してきた、その生き様については「レスラーにはリングを離れた時に初めて分かる寂しさがある。大仁田が何回も引退、復帰を繰り返す理由も『辞める』って言った時にファンが動揺してくれる味を知ってしまった。それが大仁田厚なんだよ。一方で彼がプロレスラーは引退してもカムバックできるという前例を作ってしまったのも事実だけどね」と冷静に話した。

「でも、彼はＦＭＷで電流爆破を生み出して『ウソだろ！　こんなことやらないだろ！』ってことをやり遂げた。『邪道』って名乗って、（王道プロレスの）全日に泥を塗りやがってという気持ちもあるけど、やっぱりお客さんを入れるっていうのはすごいことなんだよ。それを大仁田は１人でやったんだ」と評価し「大仁田のスタイルはアメリカンプロレスだけど、原点は彼が憧れたテリー・ファンクにある。ブッチャーに腕をフォークで刺されて苦しむテリーのファイトがファンの心を鷲づかみにしたよね。あまりに素晴らしかったから、彼はそれをマネた。マネから大仁田のスタイルを作り上げたのは事実だけど、普通はやらないことをやるのがすごいんだよ」

99年1月31日、61歳で亡くなった馬場さんの死の床に最期の瞬間まで付き添ったのが、親族以外では和田とリングアナウンサーの仲田龍氏（後のプロレスリング・ノア取締役）の2人だけだった。

最期の瞬間まで馬場さんの病状を隠し通した〝馬場の番頭〟に「馬場夫妻は愛する大仁田を養子に迎える意思があった」といううわさについて聞くと、「それは事実と思う。『おまえ、ずっと付いているなら、俺の養子になれ』って。選ばれし人間しか馬場さんの付き人になれないのは事実だから…」と認めた。

「大仁田とは手が合う。話が合うんだよ。大仁田って控え室でも1人でいる。大仁田の控え室は1人だから俺も入っちゃう」

大仁田とは馬場さんという大き過ぎる存在を媒介としての兄弟分であることを認めた和田は70歳になる2025年、レフェリーデビュー50周年を迎える。

大仁田の50周年メモリアルマッチを裁くのは、この男しかいないように思えたから「メモリアルマッチのレフェリー、やりませんか?」と、そのまま聞いた。

「確かに大仁田には『爆破マッチのレフェリーやってよ!』って言われるんだけど、『死んじゃうよ、バカヤロー』って返すんだ」と、ニヤリと笑うと「でも、本当に最後の最後の爆破マッチを彼がやるっていう、その時は俺がレフェリーをやってやるってのが、大仁田厚との約束事なんだよね」とも明かした。

「50周年マッチ、やれって言うならやってやってもいいよ。でも、本当はやりたくないよ。死ぬ覚悟だよ」──。

そう言って、伝説のレフェリーはもう一度、ニヤリと笑った。

今明かす大仁田厚の真実②

渕正信

和田レフェリー同様、全日時代の大仁田と〝伴走〟した超ベテランレスラーがいた。

2024年1月14日の70歳の誕生日に後楽園ホールでデビュー50周年記念大会を開催した渕正信は「不整脈に白内障もあって23年は2試合しかリングに立てていない。現役選手と言うこと自体、恥ずかしいんだけどね。もう古稀だしね」とつぶやくと、誰をも引きつける柔和な笑顔を見せた。

渕正信

183センチの恵まれた体をレスリングで鍛え上げ、1973年、日本プロレス(当時)に入門も同団体が崩壊。父の病気もあり、いったんは故郷の福岡・北九州市に帰った渕は「憧れのジャイアント馬場さんの元でレスラーに」という思いが捨て切れず、1年後に馬場が創設した全日に再入門。もう一度、入門テストを受けた時に新弟子としてスクワットのカウントを数えていたのが、この年に15歳の新弟子として入門していた大仁田だった。

「渕さんは優しいけど、変わった人。変わってなきゃ、あの年まで独身でいないでしょ。1回、北九州に帰っている時に俺が入ってるから、どっちが先輩か後輩か分からない感じだった」と大仁田は振り返るが、渕本人は「俺より3つ年下だったから気を使って最初から『渕さん』と呼んでくれて僕も『大仁田君』って。かわいい？　そんなこと思うヒマはなかったよ。2人しか下はいないからさ。『練習の2時間より試合の10分の方がキツいんだぞ。疲れた時こそ練習になるんだ』が馬場さんの教えの全日の猛練習をヘトヘトになってこなした後に2人で全部の雑用をやっていたわけだから」と振り返った。

入門してわずか12日で迎えた徳島・四国電力横広場での記念すべきデビュー戦の相手も大仁田だった。

「7分くらいで大仁田君が勝った。セカンドロープからのボディープレスだったかな。彼は逆エビ固めで決めようとしたけど、俺は意地で決めさせなかった」と回顧。「俺は地味な感じで大仁田君の方が華があった。今も1人で輝いてるだろ。あれは持って生まれたものだと思うよ」と笑った。

80年11月からは大仁田と2人、テリー・ファンクさんの米テキサス州アマリロの自宅に住み込んで米各地を転戦した。

「彼にはプラス志向があって、その部分に助けられたね。『渕さん、頑張ろうよ！』って。2人でライジングサンズとして、トップランカー扱いを受けて、メインイベントでギャラも稼いだ。ただ、カール・ゴッチにタイガーマスク(佐山聡)と比較されるのは辛かったな。『馬場のボーイ2人は頑張ってるけど、サヤマこそ天才だと思う』ってさ」

大仁田のレスラー人生が暗転した83年の左膝蓋粉砕骨折の一報も遠征先の米国で聞いた。

「正直に言うと、かわいそうなんて思わなかった。自分のことで精一杯だったから。彼はその前からけがも多かったから、このくらいでへこたれないだろ、大丈夫だろって。実際、その後もいつも通りエネルギッシュだったから」と話し、その

1年後の最初の引退についても「彼自身があまり長くやる感じはなかったんじゃないかな。それは彼の意思だから」とだけ淡々と振り返った。

馬場さん死去後の00年の大量離脱時も全日を支え続け、一度も「引退」というワードを口にすることなく、24年1月14日に70歳と50周年メモリアルマッチを同時に迎えた渕。「王道の伝道師」とも言われるその生き様は7度の引退、復帰を繰り返してきた大仁田とは真逆に見えるが、本人はこう言う。

「彼のことをウソつきという人もいるけど、生き方が違うんだよ。決して体も大きくないし、けがも多かったけど、俺なんかマネできないたくましさを感じるんだ」。そう言うと「彼の生き方に批判があるのは知っているけど、プロレスラーとして生きている彼のたくましさを認めてくれるファンもいるし、彼の方が俺より命がけでやっていると思う。だから、俺は尊敬している」と評価した。

16年の全日・両国大会では大仁田と組んで、第100代アジアタッグ王座に就いた。62歳10か月での戴冠は当時、史上最年長だった。

「その時、『お互い長いことやってきたな』と言い合った。今思うと、いろんな選手が亡くなったけど、お互い紆余曲折ありながらも50周年を迎えられた。それほど深い友人関係ではないけど、かけがえのない戦友であることは確かだよ」としみじみ話した後、「大仁田君との最初の10年は本当に密だった。一緒に免許取りに言ったり、青春を共にしてさ。馬場さんに一緒に怒られたり、テリーとの時間とか、いい時代を2人で経験した。俺の財産だよ」と遠い目をして口にした。

だが、最後に「渕さんが電流爆破やってくれるなら、やるけど。組んでね」という大仁田の言葉を伝えた瞬間に、その表情は一変した。

「やらないよ！」

そうピシャリと言い放つと「生き方が違うし、100％ない。俺は自分のプロレス人生を否定したくないんだ」。そう続けた言葉には「引退」など一度も口にせず、全日一筋に地味ながらも実直に半世紀にわたるレスラー人生を過ごしてきた男のプライドがあった。それこそが「王道」と「邪道」の違いなのだと言うように――。

今明かす大仁田厚の真実③

緒方理咲子さん

緒方理咲子さん

渕が「青春」という言葉で表現した時代を大仁田と共に、そして馬場、元子夫妻と共に濃密に過ごした女性がいる。

馬場さん、元子さん夫妻がプロレス界における大仁田の父であり、母であることは厳然たる事実だが、実は〃家族〃がもう一人。

「馬場さん、元子さん、俺と彼女は4人でチーム馬場だった」と大仁田が振り返ったのが、3人を15歳の時から見つめ続けてきた元子さんの姪・緒方理咲子（旧名・川上佳子）さんだ。

現在、馬場さんの肖像権など権利関係をマネージメントする会社の取締役を務める理咲子さんと全日本プロレスに新弟子1号として入門してきた大仁田。誕生月も2か月違いの〃同級生〃の出会いの場は半世紀前の馬場夫妻の自宅、東京・赤坂のリキマンションだった。

初対面の印象を「かわいい男の子だった。（付き人として）馬場さんに言われたことを一生懸命やっていて」と振り返る理咲子さん。馬場夫妻の趣味のゴルフにも大仁田は馬場の、理咲子さんは元子さんの付き人として付き添ったが、２人での会話は一切許されず、互いに目線をかわすくらいだった。

それでも、大会の際には試合の感想を聞いてくる大仁田に「カッコ良かったよ」と伝えることもあった。大仁田自身も「一言で言うと元子ジュニア。本当にかわいい子だった。キツい付き人の日々だったけど、俺は佳子さんに助けられた」と明かす心の支え的存在だった。

元子さんは、理咲子さんの前では「馬場さんは大仁田君が本当に好きなのよ。でも、私は嫌いなのよ。嫌なのよ～」と常々、口にしていたというが、「叔母は本当に嫌いな人はとことん無視。そういうことを言うのは愛情の裏返しだったんです」と分析する。

そんな理咲子さんに「馬場夫妻は大仁田を養子に迎える意思があった」という説

について聞くと、「私は聞いたことがないです」と否定した。

続けて「ただ、馬場さんがある時、私に聞いてきたことがあって。『佳子ちゃん、なんで俺たちには子どもがいないと思う？』って」と話し始めた。

「叔父がその外見的なものが子どもに遺伝するのを危惧したのは事実です。その分、叔父夫妻は全日本プロレスの選手たちを子どものようにかわいがった。選手たちを本当にかわいいと思っていた」と理咲子さん。

だからこそ、馬場さんが愛した大仁田のＦＭＷという新団体を作る〝裏切り〟を元子さんは許さなかった。

99年、馬場さんの急逝を受け同年4月17日、東京・日本武道館で行われたお別れの会「ありがとう」にも大仁田は「全日を出ていった人間」「ライバルとなる他団体を作った人間」と見なされ、参列がかなわなかった。すべて、元子さんの意思だった。

「3か月に1回、健康診断を受けて体調管理は万全だったはずの叔父が突然、余命1か月のがん宣告を受けて、1か月で亡くなってしまった。叔母はすべてが急過ぎて医師も信じられないし、『なんで、こうなったのか?』と本当にいっぱい、いっぱいだったと思う」と当時の元子さんの心情を振り返った理咲子さんは一方で「裏切りには半端なく厳しかった叔母にとって、大仁田君には『自分の子どもなんだから、しっかりしてよ!』っていう信頼していたこその悲しみから生じた怒りもあったと思う」と推測した。

愛憎相半ばした馬場夫妻と大仁田の関係だが、理咲子さんには絶対に忘れられない大仁田の言葉がある。

それは19年2月19日、東京・両国国技館で行われた「ジャイアント馬場没20年追善興行~王者の魂~」のリング上で大仁田が叫んだ「社長!」という絶叫―。「あの叫びは言霊として、私の心に響きました。ああ、大仁田君は本当に叔父のことを大切にして下さったんだなって」と言って涙をぬぐった。

「こういうことを言うと、大仁田君は嫌がるかも知れないけど、私には50年間、叔父と叔母を通じてつながり続けている双子的な感覚がある。叱られても叱られても馬場さんと元子さんのそばにい続けた2人というね…」と話すと、「叔父もかわいい大仁田君に『おまえは自分の生き様を大事にしろよ』って言ったと思う。若くして団体を立ち上げて、１人の人間として頑張っている大仁田君を同じように団体を立ち上げた叔父はリスペクトしているはずだし、私も尊敬してます」と明言した。

全日本退団、1度目の引退

馬場に愛情を注がれ、全日ジュニアのトップの座に上り詰めた大仁田だったが、ある2人のスーパースターの存在が、その心を大きく揺さぶってきた。

24歳だった1982年3月、米シャーロットでチャボ・ゲレロを撃破。ジュニアの最高峰・NWAインターナショナル・ジュニア王座を奪取したが、プロレスラーには付き物のジェラシーの対象が2人いた。

1人は同年夏にまさに颯爽《さっそう》と登場した初代タイガーマスク(佐山聡)。誕生月もわずか1か月違い。同い年の天才について、大仁田は「ジュニアのベルトを獲って帰ってきたら、その差は歴然だった。アントニオ猪木さんが嫉妬したくらい日本中、みんながタイガーを知っていた。そもそも自分も漫画のタイガーに憧れていたから」と振り返る。

「世間も比べるし、評価があまりにも段違いだから。プロレス雑誌でもタイガーは表紙で俺は中面で白黒。全然、違うわけで劣等感で落ち込みました。俺は不器用だったから、タイガーのように器用に飛んだり跳ねたりできる人間じゃなかった。あまりにも開きがあり過ぎて、辞めたかった。ベルトを持っていること自体が辛かった。アメリカから帰ってきて逃げ出したい自分がいて、アメリカに帰りたいと思ったよ」

そんな佐山タイガーとの〝決着〟がついたのは12年6月、東京・後楽園ホールでのリアルジャパン大会。共に54歳となっていた大仁田と初代タイガーは1957人の観客の前でリング外に落ちたらセコンドが押し上げるランバージャック形式で対戦した。毒霧をその顔面に噴射した大仁田だったが、怒りのタイガーに有刺鉄線バットで殴打され、黒星を喫した。

その試合も回顧しつつ、「佐山タイガーが偉大だったのは、3代目、4代目ができようと初代のタイガーがすごいわけじゃないですか?」と遠い目でポツリ。「でも、不思議なことに今、タイガーマスクはああやって病気になっているけど、俺はリングに上がっている。不思議なもんだなと思って…」とつぶやいた。

そして、もう1人の嫉妬の対象が76年10月、自身から3年遅れで力士から転身。

鳴り物入りで全日入りした天龍源一郎だった。

「全日って角界からの転向組が多くて。ある程度やってれば特別扱いしてもらえるんだと思って。別に天龍さんが憎いわけじゃなくてさ。そういうものなのかなって、子ども（当時19歳）ながらに思っちゃって」と正直に振り返る。

「俺は普通車で大きな荷物を4つ持ってヒーヒー言ってるのに、天龍さんは最初からグリーン車に乗ってるんだよ。その頃から俺は天龍さんとは合わなかった。相撲界から急に入ってきて、アメリカ遠征したり特別待遇なわけじゃないですか。俺は前座なのに天龍さんはハワイで特訓だとか（の記事を）見るわけで。薗田さんも渕さんも思ってたと思いますよ、顔や声には出さないけど。俺はそこでプロレス界に対する矛盾を感じたんですよ」と続けると、「本格的な遠征も（他のレスラーに先を越され）俺は最後だった。ヨーロッパへ。それも分からなかった。なんで俺が最後なんだよって。アメリカとか海外遠征するってことがステータスだったから、がっかりしましたよね。天龍さんはしょっちゅう、アメリカに行っていたから」

大いなる矛盾を感じた大仁田少年はすぐに行動に出た。それは恩師・馬場さんへの〝引退直訴〟だった。

「深夜に新宿の街をウロウロした後、馬場さんが呼んでると言われて、朝6時くらいに(当時、馬場が住んでいた赤坂の)リキマンションに行ったんですよ。その場で馬場さんに『辞める』って言った。『フランス料理のコックになる』って。そっちの道に行った方がいいのかなと思ったから」

その時に返ってきた馬場さんの言葉が今でも忘れられないという。

「『俺とフランス料理のどっちを取るんだ?』って。それを言われた瞬間にフランス料理を取るとは言えないじゃないですか? そんな言葉、普通は吐けない。うまいですよ、そういうところが。そこが馬場さんの優しさじゃないですか。引き留めてくれたんじゃないですか」と、しみじみと振り返った。

雲の上の存在で決してライバルではなかったが、もう一人「物が違った」と回顧したのが、00年に49歳の若さで亡くなったジャンボ鶴田さんだった。

「一言で言えば、プロレスの天才。あれだけ器用でセメントも強い。3種類のジャーマンを短期間で習得して、やっぱり素晴らしいと思った」と称賛しつつ、「天才だけど、ケチだった」と笑みを浮かべて漏らした。

「鶴田さんの有名な文句『私はプロレスに就職しました』の通り。プロレス界には年功序列があって、メシを食いに行ったりすると、先輩が出すという不文律があったのに、まったく無視して割り勘。1回くらいしかおごってもらった記憶がない。鍋とかやっても材料費は徴収されたし『俺が1000円出すから、おまえら500円ずつ出せ』って」とこぼしたが、「最初は『なんだよー』と思ったけど、他の先輩と鍋を食べる時は先輩から先にハシをつけるから、俺たちは肉もすっかりなくなった残り物にしかありつけなかったけど、鶴田さんは割り勘だから『最初から肉も食え』って。肉は倹約家の鶴田さんらしく鶏肉ばっかりだったけど…」と笑った。

「(鶴田さんの自宅の)砧の土地を合宿所にして全部、全日が払って。ピンク電話にして、集金に来るんだよ」と苦笑しながらも「今思うと分かりやすかった。電話もそうだし、食事も人の心の中におごってやったという思いが残るけど、割り勘だったら対等の立場でいられるじゃん。その辺は本当に公平な人だった」と、しみじみと話した。

「鶴田さんの買った（ワーゲン）ビートルにみんなで乗せてもらって試合会場まで行ったり、後輩だけど人間扱いしてもらえて楽しかったな」と振り返りつつ、「いつも口をすっぱくして言われたのが『ちゃんと将来を見越して人生設計を立てないといけないよ』って。レスラーって行き当たりばっ

全日本プロレス時代、食事を共にする「プロレスの天才」ジャンボ鶴田

たりだからさ」と本音も。

今でも忘れない金言も授けてくれた鶴田さんとの最後の会話が交わされたのは85年1月3日、後楽園ホールでの1度目の引退式の控え室だったという。

「俺の肩にポンと手を置いて『久しぶりだな、元気か』って言ってくれたのは鶴田さんだけだった。この人、スーパードライだと思っていたけど、人間味もあるんだなって、すごく感じましたね」

なぜ、鶴田以外のレスラーは言葉もかけてくれなかったのか。そこにあった冷え冷えとした雰囲気の裏側には、こんな時間が横たわっていた。

「炎の稲妻」と呼ばれた大仁田の華麗なレスラー人生の終わりを告げる「バキッ」という音が響いたのは1983年4月20日、東京体育館でのヘクター・ゲレロとの防衛戦の試合後のこと。試合の2、3日前から歩行の際に左膝に激痛を覚えていた。自身のファイトスタイルを守り、メキシコ遠征時から跳び続けていたため故障の前兆は確かにあったが、この日も強行出場。勝利の直後、ほんの1メートル10センチほど下の床に着地した際、全体重がかかった左膝を床に強打。その場でまったく動けなくなった。

「ひざの皿が5つくらいに割れていて、骨が飛び出した。絶望だったですね。頭の中がごちゃごちゃしてました。真っ白になっちゃって。そのまま慶応病院に運ばれて、(00年に)亡くなった百田義浩さんが面倒見てくれて…」

40年後の今でも痛みを思い出すのか、顔をゆがめて振り返った。

診断は左膝蓋骨粉砕骨折の重傷。「1か月入院していて、病院が嫌で逃げ出した。生まれて初めての入院生活だったから。おふくろの三鷹の家に逃げたけど、入れてくれなかったなあ。先生に聞いたら『プロレスはもう2度と出来ない。無理だよ』と言われて、自分が壊れてしまった」

そうつぶやいた後、「死のうかなと思ったけど実行しなかっただけ。プロレスしか知らなかったから、どうしたらいいとか将来的なことは何も考えられなかった」と遠い目をして言った。

それから1年。「膝に鉄とか釘が入っていた。足は歩くだけで痛かった」という状態の中、過酷なリハビリの傍ら前座試合に復帰したが、その内容は全く精彩を欠くものだった。

84年12月2日に引退をかけてマイティ井上のインターナショナル・ジュニア王座に挑戦も敗北。馬場、元子夫妻からの引退勧告を受け、85年1月3日、聖地・後楽園ホールで引退式を行った。

これが1度目の引退に関する通説だったが、きっぱりと否定した。

「（引退勧告は）馬場さんからじゃないです。僕から言ったんですよ。『これ以上続けることはできないと思います』って。そうしたら、馬場さんが『そうか～、終わりか』って。（引き留めは）なかったです」とポツリ。「そういう人ですよ。声をかけようと思っても、一言で終えてしまう」と淡々と振り返った。

全日の同僚たちは一様に冷たかった。

「男のジェラシーの世界だから…。心の中では見下していて、けがして、ちょいちょい（いい気味）みたいに思ってたんじゃない？　冷ややかな空気をひしひしと肌で感じたもの」と回顧。15歳から、その世界しか知らなかったプロレスの世界から締め出され、ひたすら悲しかった。

「引退式を終えて後楽園ホールの駐車場に行った瞬間、体を風が吹き抜けていったんだよね。『ああ、これで終わりか』って」と遠い目で振り返ると「真っ暗になりました。引退式を終えた時は自分の中で『(第二の人生を)やれるんだ』って自信はあったけど、何をやってもダメだった。何をやってもうまくいかない」

プロレスしか知らない26歳に世間の風は冷たかった。

「プロレス時代の人脈を生かそうと思って芸能界に顔を出したり、ウイスキーやビールを運んだり。牛肉の輸入をしようとアメリカに行ったけど、相手にされなくて。テキサスまで行ったけど、話も聞いてくれなかった」

「7回引退したのをいろいろ言われるけど、1回目は引退というものを、ちゃんとしたんですよ。だけど、誰も引退して足の悪いプロレスラーに目を向ける人なんていなかった」

元NWAインターナショナル・ジュニア王者の肩書きも全く通用しなかった。

「知名度なんて言っても世間全体からすると、プロレスラーなんて選ばれた人種じゃないんです。馬場さんに作ってもらった古いスーツを着て（就職活動に）回るわけですよ。でも、中卒の人間をちゃんと扱ってくれる人間なんていなかった」

「面接に行っても履歴書に『学歴・小学校、中学校卒業』の2行しかない。20社くらい回ったけど『後からご連絡致します』の連続で。最後の面接で言われた言葉が響いたね。丁寧語で『あ〜、中学しか出てないんですね』って言われた瞬間に、俺はどうすりゃいいんだ。俺には何もねえなって。今さら全日本に帰ることもできないし、あのままプロレスに帰らないでいたら、どうなってたのかなって思いますよ」

もがいた期間は、たっぷり4年間あった。

4畳一間のアパートに帰っても電気をつける気がしなかった。「それまで死のうとか思ったことはなかったけど、心が真っ白になって。このまま死んだ方がいいのかなって思いました。やることなすことが身にならないんですよ。人間って、こういう形で追い詰められて死んじゃうんだなって思った。今思うと」

面接帰りによれよれのスーツ姿で新宿駅のホームのベンチで缶ジュースを飲みながら、そんなことまで考えた。

だが、そんなどん底の元プロレスラーを救う奇跡の瞬間があった。

道路工事の現場で肉体労働をしていた時だった。

「1人の少年が色紙を持ってきて『僕は大仁田さんのファンだったんです』って言ってくれた。その時、俺は『元NWAインターナショナル・ジュニアヘビー級チャンピオン・大仁田厚』って書いちゃったんです。ウソではないんだけど、その時に気づくんですよ。ああ、俺、もしかしたら未練があるのかなって。未練なんですよ、全部。俺にはまだ未練があるんだって」

1人の少年ファンが気づかせてくれた自身の中に確かにくすぶっていたプロレスへの思い。

「何回も奈落の底に落ちているけど、這い上がる原動力はプロレスだった。（7度の引退も）俺は時系列じゃなく行き当たりばったりだったし、申し訳ないって気持ちはいつもありますよ。日本人には散り際の美学っていうのがあるから」

自虐的にそう口にした「邪道」は、それでもプロレスへの未練を胸にリングに戻っていった。

そう、あらかじめ定められた運命のように。

第3章　ＦＭＷ設立

全財産5万円での旗揚げ

死ぬことも考えた4年間の空白期間。既に30歳になっていた大仁田を救ったのは、やはりプロレスだった。

88年、親交のあったグラン浜田の誘いでジャパン女子プロレスのコーチに就任。83年には3歳年下の女性と結婚(後に離婚)。家庭を持っていたが、「自分の中で何をやっていいか分からない状態だった。一言で言うと支離滅裂だったと思います」と振り返ると、「あの時、ジャパン女子に誘われて、もう一度プロレスに携われたことは本当に良かったし大きかった。今、そう思ってます」と続けた。

今でもそう振り返る、どん底からの原点回帰だった。

当時のジャパン女子はキューティー鈴木らスター選手を抱え人気沸騰中。そうしたトップスターのわがままに手を焼きながら、なんとか慣れないコーチ業をこなす一方、88年12月3日のジャパン女子の大会での浜田戦で4年ぶりのリング復帰。女子のリングのメインイベントを浜田と共に乗っ取った形となり、さらされたのは怒号の嵐。直後には団体を去ることになった。

それでも、大ブーイングを全身に浴びながら気づいたことがあった。

「俺はこれがやりたかったんだな、俺がいる場所はリングだって。あの時、どん底に落ちても助けてくれたのはプロレス。感謝してます。プロレスの神様は本当にいるんだよ」

本格的な現役復帰への意思が芽生えた時に、こんな言葉をかけられた。

「大仁田、大阪に行ってくれるか？　ＵＷＦの会場に行って、前田日明に挑戦状を叩きつけてくれ」

声の主はジャパン女子の中心にいた新日の元営業本部長で「過激な仕掛け人」の異名を持つ新《しん》間《ま》寿《ひさし》氏だった。

女子のリング乗っ取りの一件で共にジャパン女子を追い出された形となった新間氏は、今度は大仁田、浜田、空手の誠心会館館長・青柳政司（22年死去、享年65）らと空手なども抱合した格闘技連合の結成を画策。当時、人気絶頂だった新生ＵＷＦに狙いを定め、格闘技連合との対立図式を描いたのだった。

「新間さんは帰りの新幹線代はくれなかった。当時、すっからかんの俺がなんで帰りの新幹線代、自腹なんだよって。新間さんには今でも『帰りの新幹線代、返して下さい』って言いたいくらい。格闘技連合なんて実際にあったのかと今は思うし、何かを思いつくんだけど、最後まで面倒は見てくれない人なんだよ」

そう振り返った通り、渡されたのは大阪までの片道切符のみ。それでも標的は「格闘王」前田。ＵＷＦへの挑戦を目的に大阪府立体育会館大会に乗り込んだものの、そこで36年経った今も声を震わせて振り返るほどの屈辱が待っていた。

「会場に入ろうとしたら、（当時、ＵＷＦ社長の）神（新二氏）が『チケット、持ってますか？』って言ってきたんだよ。ＵＷＦからしたら、新間さんなんて、過去の人だったんだろうし、こっちはこっちでハシゴを外された状態。『ふざけんな、コノヤロー』って思いました。あの一言が俺の中で活火山のように燃え上がったね」

全日でジュニア王者にもなった自身を一般人扱いするかのような言葉。今でも「俺の怒りの原点だよ」という思いを抑え、チケットを購入。会場のドアを開いた「邪道」の前に驚くべき光景が広がっていた。

リング上で展開していた戦いについては「ロープに飛ばないでしょ。（前田らに）『じゃあ、おまえら（前所属団体で）今までロープに飛ばなかったのか？』って。何を求めているのかが分からなかった」と振り返るが「超満員の客席を見て、そこで即、団体を作ってやろうとはならなかったけど衝撃でした。そこで展開されていたのは、俺の知らないプロレスだった。こういうのもアリなんだって思った」と大きな衝撃を受けた。

「それを見た瞬間に、ああ、こういう時代なのかと思って、そこにはヒントがあった。今までにないことをやるしかないっていうね。ＵＷＦのこいつらはプロレスを否定したところから始まっているけど、俺は肯定したかった。俺は一度もプロレスを否定したことがないから」

そう強調すると、続けて、こうも言った。

「俺はプロレスを肯定しながら、ＦＭＷを作ったんだ」

その胸についに宿った新団体設立への野望。しかし、「すっからかんの俺」という言葉通りＦＭＷ設立時、その財布には、たった１０００円しか入っていなかった。まさに「背水の陣」のＦＭＷ創設〝夜明け前〟だった。

そして水面下での選手集め、スタッフ募集など自身の団体作りへの地道な歩みが実ったのが、１９８９年7月28日のことだった。

剛竜馬（09年死去、享年53）が「パイオニア戦志」を立ち上げるなどインディー団体設立の風がプロレス界に吹き始めるのも追い風として、東京・全日空ホテルで自身の団体・ＦＭＷ設立会見に臨んだ。

手元にあった全財産5万円での創立だったが、「5万と言うけどさ。３万円は知り合いから借りたんだ。電話の権利証が7万２８００円だったのを覚えているなあ」と正直に回顧。「事務所も人から借りた6畳間。俺の財布には１０００円しか入ってなかったわけだから」という言葉は事実だった。「大仁田の財布に１０００円」伝説は後に袂《たもと》を分かつことになる松永光弘も目撃している。

「荒井の昌ちゃんとメシを食いにいった時もカネがないから定食を一人前だけ頼んでさ。それを分けて食べていたんだ」と振り返る設立時からの盟友で当初はリングアナウンサーの荒井昌一氏（02年死去、享年36）と臨んだ設立会見には、直前の

「格闘技の祭典」で大仁田が大流血させた青柳が乱入。大仁田に襲いかかると頭部を負傷させ、大きな話題を呼んだ。

だが、そんな派手な立ち上げ後はＦＭＷの会見と言えば、近所のファミリーレストランなどを舞台に地味に開催。当時、気を使って自身の飲み物代を払って帰る各社の担当記者に荒井氏が「本当に申し訳ありません。いつか必ず恩返ししますので」と頭を下げて回るのが常態となっていた。

「正直、記者の人たちに出せるカネはなかった」と振り返った大仁田だが、代わりに流したのが、大粒の涙だった。

「企業を大きくするにはどうしたらいいか？（記事を書く記者の）情熱に訴えるしかなかった。俺がよく泣いたって言うけど、情熱が必要だったから話す時に泣いた。情熱を持って話していると、涙が自然に出てくるんだよね」と言う。

「当時はインディー団体なんてほとんど相手にされてなかったから。はっきり言って明日なんて見えない状態。毎日が背水の陣だったから、明日を見ようとする努力を必死でした。明日を見たかったんです」と熱く口にすると、「どうしても成功させなきゃいけないというより毎日、毎日が戦いでした」と振り返った。

その上で「時代も良かった。ＵＷＦの成功があったからこそ、ＦＭＷの成功があった。対立の図式です。結局、ＵＷＦが消滅したのは、新しいものより新日、全日の古き良き時代のプロレスが勝ったということ。リング上の勝負じゃなかった」と当時を分析した創設者・大仁田は生まれたばかりのＦＭＷ成功に向け、突っ走った。

「『格闘技の祭典』で俺が青柳館長をイスで殴ったら、大流血してさ。頭に来たセコンドの佐竹雅昭や松永光弘が俺のセコンドのスペル・デルフィンや邪道、外道をボコボコに蹴りまくったんだよね。プロレスじゃなくて、本当のケンカマッチになっちゃって、ひどいもんだったけど、その時、『これは使えるな。プロレス対空手って構図』って思ったんだ」

そう言ってニヤリと笑った通り、なんでもありの異種格闘技戦を想定し、「新しいことをなんでも取り入れよう」という意図のもと、ＦＭＷのＦに「フロンティア」の意味を持たせた。

同年、新人オーディションも開催。市原昭仁（フライングキッド）、里美和、土屋恵理子（シャーク土屋）、前泊美香（クラッシャー前泊）らが入団。邪道、外道、スペル・デルフィンらと合わせ、初期メンバーが固まってくる中、女子選手もどんどんリングに上げた。

「あの頃、ＦＭＷを否定する人が『女子を男子のリングに上げるなんて』って言ったけど、今や、それは普通のことになっているわけじゃないですか？　だから、俺は否定の中から生まれた男なんじゃないかと思う」と口にすると、こんな言葉を続けた。「（慎重に）構えることも社会において必要なんだけど、なりふり構わずやってみること、前に進むことって必要なんじゃないかな。その頃思っていたのは戦う前から結果論を口にするより、戦ってボロボロになるかが大事ってこと。何か一筋の光が見えてきて、成功するかどうかなんて、やってみないと分からないじゃないですか？」――。

今明かす大仁田厚の真実④

松永光弘さん

大仁田が「なりふり構わずボロボロになって」戦っていた日々をじっと見つめていたのが、「ミスター・デンジャー」と呼ばれた松永光弘さん。FMWには創生期から参加。一時は大仁田のデスマッチ路線の後継者と目された男は現役引退から15年経った今、「大仁田さんがいたからこそ今の私がいる」と真剣な表情で言い切る。

松永光弘さん

初対面が強烈だった。

89年7月2日、東京・後楽園ホールで行われた「格闘技の祭典」メインイベントで松永さんの空手の師匠だった青柳政司さんが大仁田と異種格闘技戦で対戦。大仁田のパイプいすでの殴打と頭突きで額を割られ、大流血した。

その瞬間、セコンドについていた松永さんや佐竹雅昭ら弟子30人以上は激高。リングに乱入し、大仁田、そのセコンドだった邪道、外道、スペル・デルフィンら5人をボコボコにした。

「真っ先に自分がリングに入って火種になりましたけど、後は止め役になってました」

そう振り返る松永さんには胸に秘めた一つの目的があった。

「小学生の時からプロレスラーになりたかった。相撲や空手で鍛えたけど、全てのプロレス団体に不合格だったんです。だから、格闘技の祭典でプロレス入りを狙っていたし、大仁田さんも僕がＦＭＷに入りたいのは知っていたと思います」

「当時はＦＭＷに入りたい一心でした」という希望通り、大仁田から声が掛かり、ＦＭＷ旗揚げ戦、89年10月6日の名古屋市露橋スポーツセンター大会のビリー・マック戦でレスラー・デビューを飾った。

そして、同年12月10日の後楽園大会で自身の人生を決める一戦がやってくる。ジェリー・ブレネマンと組んでの大仁田、ターザン後藤組との日本初の有刺鉄線デスマッチ。「全然、怖くなかった。だって、（有刺鉄線に）ぶつからなきゃいいんでしょって思っていた」という松永さんはリングの中央での闘いに終始したが、大仁田は違った。

「1回も当たらない自分と違って、大仁田さんはガンガン有刺鉄線にぶつかっていって、腕もざっくり切れて…。これがプロなんだって。プロとアマの意識の差を感じました。その瞬間、俺も大仁田さんみたいになりたいと思った。観客の反応もものすごかったし、俺もこれをやりたいって、デスマッチに開眼した瞬間でした」としみじみ口にした。

しかし、FMWへの継続参戦は師匠・青柳さんの「何言ってんだ、バカヤロー。俺たちがバラバラになっちゃうじゃないか」という叱責で消滅。青柳さんとの「パイオニア戦志」参戦を余儀なくされた。

その後、新日本プロレス参戦も現場監督だった長州力に「しょっぱい。地味だし、スター性がない」とバッサリ切られ、2試合でクビになった松永さんを一躍、プロレス界の寵児にしたのが、FMWから分裂した「W★ING」参戦後、92年2月9日の後楽園大会で見せた2階バルコニー席8メートルの高さからのスーパーダイブだった。

松永さん自身が「あの瞬間、人生すべてが変わってしまった」と振り返る、あまりに命知らずな行動をプロレスマスコミは大きく報道。松永さんは一気に全国区のスターとなり、「ミスター・デンジャー」の異名がついた。

その後も「私のベストバウト」と振り返るスクランブル・バンクハウス・デスマッチをはじめ、蛍光灯、サボテン、ピラニア、サソリなど奇《き》天《て》烈《れつ》なデスマッチを自ら考案し、自ら犠牲になり続けた。その数は約23種類。中でも畳針（剣山）デスマッチは大きな話題を呼んだ。

「ＦＭＷを倒してＷ★ＩＮＧを長く生き残る団体にしたい」という夢を持っていたが、ＦＭＷ出身の経営陣の放漫経営や「今思えば、私の人気に嫉妬したと思う」と分析するミスター・ポーゴ（関川哲夫、17年死去、享年66）さんとの間に吹いたすきま風などを理由に離脱。93年、念願のＦＭＷ移籍がかなうが、その条件が破格だった。

「品川のホテルで大仁田さんに会って、『Ｗ★ＩＮＧを辞めてＦＭＷに行きたい』

と言いました。大仁田さんは同伴した人に『後でもめるのは嫌だから今からしゃべることを紙に書いてくれ』と言いました」

「契約金100万円、週給3000ドル（当時で50～60万円）、12月のデスマッチまで出場した場合、前十字じん帯断裂の大けがを負っていた膝の手術代を団体が負担」の3つが、その場で提示された。

「即座に現金で153万円をもらったでしょうか。インディー団体では破格で『こんなにもらっていいんですか？』と聞きました。でも、大仁田さんは『それだけの商品価値がある』って言ってくれた」

「膝も人工じん帯にして2か月入院して、リハビリ期間を含めて4か月欠場したけど、その間も月25万の給料を出してもらってました」と振り返る厚遇の理由を今、こう推測する。

「その頃、真剣に引退を考え出していた大仁田さんは私を後継者にと考えていたのではないでしょうか。『日本初の有刺鉄線デスマッチを一緒にやったあいつがいる！』って」

09年の現役引退後、東京・墨田区でステーキハウス「ミスターデンジャー」を経営。ネットの人気ランキングで都内の人気ステーキ店1位に輝く名店を切り盛り中の現在、年商8000万円の実業家となっている松永さんは「あの時のオカネで中退した大学の奨学金も返せたし、この店も持てた。この店も大仁田さんに作ってもらったようなものです」ときまじめな表情で話した。

その上で7回の引退、復帰を繰り返してきた「邪道」について「大仁田さんの悪い面をいろいろな人が言うし、叩かれる面もあるんだと思う。でも、私個人は嫌なことをされたこともないし、非常に良くしてもらった」と振り返り「私は結局、大仁田さんみたいになりたかったけど、なれなかったんです」。そうポツリとつぶやいた。

「でも、私は日本でも世界でもナンバー2のデスマッチ・レジェンドになれた。1位は大仁田さんですけど、レスラー人生、上出来じゃないかな。二流の空手家だった私がデスマッチ・レジェンドのナンバー2になれたんだから…」と微笑んだ松永さんは「これは大仁田さんが自分より先に亡くなったら話そうと思ってたんですけど…」と前置きすると、こう続けた。

「大仁田さんに唯一勝てるのは引き際じゃないかな。大仁田さんに一つくらい勝ちたいから言います。7回復帰しても話題になり続ける大仁田さんは素直にすごいと思うけど、私は1回も復帰しないことで自分の美学を貫こうと思います」

自らの身体を削り続けた闘いで「ミスター・デンジャー」の称号を得た男は一瞬、経営者からレスラーの顔に戻って、そう言った。

今明かす大仁田厚の真実⑤
クラッシャー前泊さん

松永さん同様、大仁田率いる「なんでもありのおもちゃ箱」ＦＭＷを創生期から引っ張り続けた１人の元女子レスラーが今、沖縄・宮古島にいる。「大仁田さんは自分の夢を全部かなえてくれた人」

初対面から35年経った今も、真剣な表情でそうつぶやくのは、89年に１期生として入団テストに合格。シャーク土屋さんとのヒールタッグ「猛毒隊」として大暴れしたクラッシャー前泊（本名・前泊美香）さんだ。

クラッシャー前泊さん㊨は「猛毒隊」復活トークショーで（左から）シャーク土屋さん、里美和さん、大仁田と再会

「クラッシュ・ギャルズ」の長与千種に憧れ、追っかけまでしていた前泊さんだったが、クラッシュブームの中、約４０００人の入団希望者が詰めかけた全日本女子プロレスの試験では2度に渡って不合格。だが、大仁田が作り上げたＦＭＷでは多くの女子レスラー志願者に門戸を開いていた。

「大仁田さんという存在も知らなかった」という状態で、16歳で受けたFMWの入団試験に合格。大仁田は「とにかくガタイ（体格）が良かった（全盛期は168センチ、90キロ）」と合格の理由を明かすが、前泊さんも「大きい人だなあ〜」という印象を大仁田に持った。

入団したものの名古屋の実家には1か月経っても、FMWからの「上京して来い」という連絡がなかった。業を煮やして母親と上京。母は東京・馬込のわずか3畳のFMWの事務所に足を踏み入れた途端、「こんな所に娘を置いていくなんて…」と泣いたという。

「連れて帰る」と泣く母を駅まで見送った前泊さんに待っていたのは、憧れの長与のようなベビーフェイスではなく、大仁田の「おまえ、自分の試合（の内容）をよく考えてみろ」という言葉によるヒール転向指令だった。

「踏みつぶすというイメージが最初からあった」という大仁田命名のリングネーム「クラッシャー前泊」として大暴れ。「遠征も大仁田さんと（サンボ）浅子さんが交代で運転するレンタカーに乗って回って。オカネがないから、大仁田さんがカレーを作ってくれて。おいしかったなあ」と振り返る若き日々を過ごした。

その後、電流爆破デスマッチ路線の成功で大仁田はスーパースターに。テレビでも引っ張りだこになると、自宅の高級マンションに招かれ、衣装だけが置かれた部屋で「おまえら、カネないだろ？　好きな服を全部持っていけよ」と言われ、大喜びしたこともあった。

「大仁田さんはトップとして、こんなに多くの子どもたちの面倒を見てくれました。いつも言っていた『夢を諦めるな』って言葉が頭にあって。大仁田さんは自分の人生にとって必要な人で、生きていくための行動力や勇気を与えてくれる人。自分に負けない心というのを鍛えてもらったことが自分の強みです」と言い切る。

だからこそ、92年7月、土屋さんと2人で全女の東京・大田区大会に乗り込み、WWWAタッグ王者だった豊田真奈美、山田敏代組に挑戦状を叩きつけ、女子団体対抗戦の火付け役となるという大胆な行動も取れた。

00年7月の自身の引退についても「自分はプロレスラーになるという夢を大仁田さんに叶えてもらったのに、なんの恩返しもしないまま引退してしまったと思っていて。だから、今でも大仁田さんのオファーだけは何があっても受けようと思ってます」と言う。

大仁田の「夢を諦めるな」という言葉を胸に23年7月、生まれ故郷の沖縄・宮古島でパブ「クラッシャー」を開店した。「50歳でラストチャンスだと思って。大仁田さんの言う夢を見たいと思いました。生まれ故郷とは言え、知り合いも1人もいない状態でゼロから始めて…」と笑顔で話した。

元ヒール女子レスラーは大仁田の7回の引退、復帰を繰り返してきた50年について聞くと、即座にこう答えた。

「大仁田さんらしいと思うし、全然いいと思う」

「66歳になった今でもプロレスをやっていて、人気があって。いろいろな団体に呼ばれて。大仁田さんが真面目にやってきたから今があると思うし、神様は見ていると思いますよ」と言うと、「人間味、心があるから、ファンも私たち弟子もついて行く。だって、今でも『前泊、右膝大丈夫か?』って定期的に連絡が来ますよ。後輩に聞いても同じことを言ってました」と続けた。

奇跡を生んだ初の電流爆破マッチ

「ミスター・デンジャー」として開花する松永さん、そして、前泊さんらメジャー団体に入るチャンスが与えられなかった人材にリングで大暴れするチャンスを与えた大仁田のＦＭＷにおける功績がもう一つ。「異種格闘技戦」の名のもと、メジャー団体も驚がくの超大物の招聘に成功。リングに上げ続けたことだった。

「なんでもありのおもちゃ箱」に参戦し、相まみえた、とんでもない大物たちについて、大仁田は今、こう回顧する。

88年ソウル五輪銅メダル、87年世界選手権95キロ超級金メダルの世界的柔道家グリゴリー・ベリチェフ（06年死去、享年49）については「本当に強かった。頭から落とされて肩の骨が折れた。ナチュラルに強かったし、気を抜けないんです。重心を足に置いておかないとパッと投げられて危なかった」

「プロレス対ボクシング」と題して参戦した元ボクシング世界ヘビー級王者レオン・スピンクス（21年死去、享年67）については「スピンクスにも奥歯を折られました。世界ヘビー級チャンピオンだから、フックとかは往年のものはなかったけど、ストレートは効きました」

そして、ザ・シーク（03年死去、享年76）。「シークは怖かった。カール・ゴッチと試合した時に『この腕を折って見ろ。でも、その次の瞬間、おまえのノドをかき切るからな』って言って、その後、ゴッチが何もできなかったという話を聞いていたし…。シークは自分で自分のプライドを持っていた」と振り返ると、「（92年5月6日の史上初の）ファイヤーデスマッチで最初に逃げたのが（タッグパートナーの）サブゥーでした。頭来たね。シークを置いていくなよ！って。一番に逃げたのがサブゥーで、2番目がターザン後藤、俺が3番目でした。シークは全身の60％にやけどを負って緊急搬送されましたね」と、その闘志を称えた。

「ディック・ザ・ブルーザーも勧誘して、日本に行くと言って張り切って練習していたら、ノドにバーベルを落として死んじゃったんです。みんな、こんなクソ団体によく来てくれたと思うよ」と話した。

そして、今でも伝説となっている90年6月2日の東京・後楽園ホールで大仁田が取った驚天動地の行動。その一幕が「なんでもあり」のＦＭＷの運命を大きく変えた。

それはこんなシーンだった。

大仁田が口にした「毎日が背水の陣」という言葉通り、草創期のＦＭＷを待っていたのは大会ごとの手売りのチケット収入がすべてであり命綱の、まさに自転車操業の日々だった。

「みんな成功するとは思っていなかったけど、プロセスが楽しかった。最初は営業部長がいないから図面から何から俺がやった」という大仁田が打ち出したキーワードが「何でもありのおもちゃ箱」。

大仁田対サンボ浅子のプロレス対サンボの異種格闘技戦、女子プロレス混合戦など、百花繚乱の試合内容で首都圏では徐々に動員力を付けてきたものの、地方興行では大苦戦。

「後から入った営業部長が毎日、コンビニで買って来た白飯に納豆をかけて俺の前で食べていた。『この団体にはこれだけカネがないんです』って、アピールする

FMWではミスター・ポーゴらと血まみれの激闘を展開。命がけだからこそ、観客の心ないヤジに激高することもあった

みたいにね」という台所事情だった。

「みんな、簡単に考えているけど、ビジネスはそんな簡単なものじゃないんです。ＦＭＷと名乗ったって地方に行ったら赤字を食らうわけで、唯一、後楽園ホールが入っていただけだった」と振り返る通り、全日本プロレスの日本テレビ、新日本プロレスのテレビ朝日というテレビ局からの放映権料という後ろ盾もない吹けば飛ぶような弱小インディー団体、それが草創期のＦＭＷの実態だった。

当時、１回満員にしてしまえばグッズ収入も含めて５００～６００万円の現金収入が見込めた後楽園ホール大会が２大会連続で不入りだった場合、ＦＭＷは即倒産するともプロレス業界ではささやかれていた。

そんな追い込まれた状況で日々、エース兼マッチメイカーとして戦っていた大仁田がプッツンとブチ切れた瞬間があった。

90年６月２日の後楽園ホール大会。バルコニー席から飛んだ悪質なヤジに大仁田は激高。ヤジの主にホール所有の高額なマイクを投げつけたのだった。

怒りのあまり「なんと言われたか？　具体的な言葉は覚えてないいんだよね」と振

り返る大仁田だが、「こっちは生きるか死ぬか、いつ潰れるか分からない状態でやっているのに、ここで（ヤジを）否定できなかったら終わってしまうなって思った。マイクは弁償するつもりで投げました」と意外と冷静だったことも明かした。「ここで（観客の言葉を）否定しなければ先がない気がした。それが批判を呼ぶか、逆にみんなの支持を受けるかは計算じゃできなかった」と続けたが、この行動が「吉」と出た。

周囲の観客も怒りのあまり涙を流して「ふざけるな！」と訴える大仁田の行動を支持。会場は暴動状態となり、新日、全日、ＵＷＦの三大メジャーが寡占状態だったプロレス専門

史上初の「ノーロープ有刺鉄線電流爆破マッチ」を戦った盟友・ターザン後藤

誌の表紙も「大仁田マイク投げつけ事件」がＦＭＷとしては初めて飾った。「ＦＭＷのリングでは何が起こるか分からない」という期待感が徐々に醸成されていった。

そして「あいつは盟友です」という旗揚げメンバー・ターザン後藤さんの存在が何よりも心強かった。

もともと大相撲・九重部屋の力士を廃業して全日に入団した後藤さんは米国での武者修行中に現地で女子レスラーのデスピナ・マンタガスと結婚したことでジャイアント馬場さんの逆鱗に触れてしまった。帰国指令が出ないまま、現地のレストラン「紅花」で皿洗いのアルバイトをしていたのだった。

「ターザンって、自分で謝ることができない男だったから、俺が馬場さんに『ターザンを日本に帰してくれ』と断りに言ったら、『いいよ～』って、あっさりと許してくれた」という。

「ターザンは若手を指導してくれたし、ターザンがいたからＦＭＷの成功があった。ツーと言えばカーという存在だった」という心強い相棒とともに89年12月10日、松永光弘、ジェリー・ブレネマン組との日本初の有刺鉄線デスマッチも戦った。

そして、後藤さんとの一騎打ちで、ＦＭＷが新日らメジャー団体に拮抗する最強インディー団体に上り詰めるきっかけとなった「奇跡の一戦」が生まれる。

それこそが名前こそ「レールシティ汐留」とオシャレな響きだったが、実態は国鉄（当時）が所有していた野原状態の空き地で大仁田と後藤さんが敢行した一戦。史上初の「ノーロープ有刺鉄線電流爆破デスマッチ」だった。

「あれがＦＭＷが世に出た瞬間だった」――。

大仁田がしみじみそう回顧する伝説の一戦が行われたのは、１９９０年8月4日だった。

当時のＦＭＷは「毎回が崖っぷち。当時、既に4、50人の従業員がいたから（人件費で資金が）なくなるのは早い。毎回、営業部長が言うわけですよ。『今回、失敗したら終わりですから』って」という経営状況の中、大仁田は社運をかけてビッグマッチに臨んだ。

旧国鉄所有の野原でしか試合が実現しなかったのには理由があった。後藤との日本プロレス史上初の「ノーロープ有刺鉄線電流爆破マッチ」の形式はリングの四方に有刺鉄線を巻いて、そこに電圧２００ボルトの電気を流し、火薬が入ったカプセルも１２０個設置するというもの。爆破上等の危険過ぎる一戦に施設を貸す管理者など皆無。リング上のレスラー以外には危険が及ばない場所での試合敢行しか選択肢はなかった。

死亡事故が起きた際の訴訟沙汰を見越し、特殊効果担当のスタッフから「死んでも責任は試合を強行した本人にある」という念書を書かされ、死の覚悟も持って試合に臨もうとした大仁田と後藤。

だが、残念なことに前日の３日に台風８号が日本列島に接近。試合当日は雨予報となってしまった。

雨天決行をうたってはいたが、爆薬が濡れてしまい火が付かなければ、万事休す。火花散るデスマッチという最大のコンセプト自体が実現しない。中止になった途端、迫ってくる「倒産」の2文字が大仁田の頭に浮かんだ4日の朝、一つ目の奇跡が起こる。

台風は関東に接近せず、雨の中の強行が避けられたのだ。その上に、もう一つの最大の奇跡が重なる。

「雨予報だったんで、屋根のある所に移動してリングを作ったら、音とかが全然違ったんです。外でやっていたら、音が散漫だった。奇跡が起きました。あれが外だったら、みんな驚かなかったって」と、振り返る大仁田。

雨予報のため、野原の真ん中でなく、屋根のある施設部分にリングを移した結果、爆破音が鉄製の屋根に反射し、とんでもない爆裂音が発生。さらに屋根のおかげでリング上が薄暗くなったため、爆破の際の火花はより明るく色鮮やかに飛び散って見えたのだった。

奇跡の舞台設定に「動いている人間たちが真面目に一生懸命やっているからってことだけじゃなくて、不思議な自然の力ってのを感じた」というが、日本初の形式で行われたデスマッチは試合自体が「見たことがない」凄まじさにあふれていた。

「なんだかんだ言って、爆弾には当たらず、リング上で決着をつけるのでは…」

そう予想していた多くの観客の前で開始早々、大仁田は有刺鉄線に背中から激しく激突し、小型爆弾が爆発。この試合で計6回、被弾した大仁田の背中は焼け焦げ、腕は有刺鉄線によって、ざっくりと切り裂かれた。

試合自体は大仁田がサンダーファイヤーパワーボムとDDO（大仁田式DDT）で後藤を葬り、あくまでプロレスの試合として決着したが、問題はそこではなかった。

映画やテレビ番組ではあくまで作り物の「人が爆発する瞬間」を目にしてきた観客すべてが、目の前で大仁田が、後藤が、そう、人間が被弾するというあり得ない瞬間を目の当たりにし、言葉を失った。

見守ったマスコミ各社の記者たちもあまりの臨場感と迫力に絶句。この試合を表紙と巻頭記事で扱ったプロレス専門誌の表紙には「わかったから、もう、やめてくれ」という文字が躍った。

そして、大仁田を語る上で欠かせない、あの名キャッチコピーもこの試合で生まれた。

「あの時、（写真週刊誌）『ＦＬＡＳＨ』が付けてくれたのが『涙のカリスマ』（という異名）だった。今でこそ黒のカリスマとかあるけど、あの頃はカリスマって言葉は一般的ではなかった。『ＦＬＡＳＨ』には感謝してますよ」

そして、プロレス界を騒然とさせた、この試合は数々の栄誉を大仁田とＦＭＷにもたらした。

年末発表のプロレス大賞（東京スポーツ制定）ＭＶＰには大仁田が、年間最高試合（ベストバウト）賞には「ノーロープ有刺鉄線電流爆破デスマッチ」が輝いた。

「キワモノに対して評価をしてくれた。『カッパがいた』とか平気で1面にする東スポだからこそ、電流爆破が認められたという点はあるよね。あと、あの頃、カネがなかったから本当にありがたかった。ＭＶＰが現金50万で、最高試合賞が（後藤と）2人で25万ずつ。75万が入ったのは大きかった」と正直に振り返った。

プロレス大賞の表彰式には「馬場さん、猪木さん、長州とかもいたけど、誰もおめでとうなんて言ってこなかった。なんで、インディーの、それも大仁田がＭＶ

Pなんだって、ジェラシーがあったんじゃないの？」とも回顧した。

「でも、ここでその気になったらダメだなと意外と冷静でした。新日と全日、あと、ロープに飛ばないとかプロレスを否定していたＵＷＦに負けてたまるかって気持ちだけはあったけど」

今でこそ、そう冷静に振り返る大仁田率いるＦＭＷはこの一戦を端緒に快進撃。新日、全日に次ぐ第３勢力として、インディーの雄に成長し、91年9月23日には初のスタジアムでのビッグマッチとなる川崎球場大会開催に踏み切った。

「みんなが大きな会場でやれる力が付いたと思ったから、使用料も（当時）７００から８００万したけど、思い切って踏み切った」

そう振り返る〝挑戦〟もまた成功する。

当時、闘魂三銃士を擁し人気絶頂だった新日本プロレスが同日の昼間に同じ神奈川県内の横浜アリーナ大会を開催。この動きを最初に耳にした時は「ヤバいな。客が取られちゃうな」と思ったという大仁田だったが、いわゆる「越境＝ハシゴ観戦」するプロレスファンが大量発生。多くの観客が横浜から川崎に移動。ＦＭＷはこの日、旗揚げ2年目にして新日の1万8000人を大きく上回る超満員札止めの観客3万3221人の動員に成功した。

勢いのままに92年9月19日の横浜スタジアム大会に3万人、93年8月22日の西宮球場（現・阪急西宮スタジアム）大会に超満員3万6223人の観客を動員とFMWは一気に全盛期を迎える。

日本プロレス史上初のインディー団体としての大成功は大仁田自身にもビッグサクセスをもたらした。

日本テレビ系「天才・たけしの元気が出るテレビ！」、フジテレビ系「なるほど！ザ・ワールド」など人気テレビ番組のレギュラーとなり、CM出演料も1年契約4000万円の消毒液マキロンで知られる現・第一三共ヘルスケア社始め計4本と莫大なものに。プロレスラーと芸能活動合わせての当時の年収は1億8000万円に上った。自宅も千葉県内にローンながら1億円の高級マンションを購入し、移り住んだ。

では、大仁田とＦＭＷを成功に導いた最大の「発明」電流爆破はどうやって生み出されたのだろう。

発端は全日本プロレスのジュニア王者時代の「痛すぎる思い出」と、あのレジェンドだった。

「（ジュニア王座の防衛戦で）ベルトを巻いた後、トロフィーで（挑戦者の）チャボ・ゲレロにめちゃくちゃ殴られて、腕も裂けちゃったんだ。あの時、痛めつけられながら『ああ、これ面白いな。こういう生き方もあるのかな？』って思ったんだ」

「あと、テリー・ファンクですよ。腕をフォークで刺されてとか今は放送できないけど、あの時、これだって。俺のプロレスはテリーに似ている。同じような生き方をしてるって、すごく感じてさ。あの人みたいなプロレスはできないけど、腕を折られたり、フォークで刺されたりのめちゃくちゃな戦いなら俺でもできるかなって。見ている人にリアルな痛みが伝わるデスマッチをしてやろうって」と続けた。

たどり着いたのが「電流爆破」の4文字だった。

「電流爆破はワイヤーデスマッチとか、いろんなところでやっていたものの改良型みたいなもの。基礎はプロレスの世界にいろいろ転がってるんですよ」と口にしつつ胸を張った。

生まれたのは意外な場所だった。

「有刺鉄線に電流を流して、そこに爆弾を付けたらどうなるんだろう?」という

様々な電流爆破マッチを考案しては実験してきた

大仁田の発想を具現化するために当時、二人三脚で歩んでいた荒井氏が特殊効果の専門会社を訪ねて東奔西走した。

「荒井の昌ちゃんが電話かけまくって『1社、ありました』って見つけてきたのが、NHK放送センターにあった特効事務所だった。昌ちゃんと2人でNHKに行って、『こういうことって、できますか?』って聞いたら『できますよ』って答えてもらった」

その日のうちに東京・渋谷のNHKの駐車場で爆破実験を敢行。

「バーンとやってもらったら、守衛さんがすごい形相で駆けてきてさ。『さあ、逃げろ!』って。その瞬間に『ノーロープ有刺鉄線電流爆破』って思いついて名付けたわけ」

FMWを大成功に導いた大発明の瞬間をそう回顧すると、一転、厳しい表情を浮かべた。

「誰かが先に考えたとか、いろいろなことを言うヤツはいるけど有刺鉄線を巻いて、そこに爆弾をくくりつけてバーンと爆発したら面白いだろうなって実際にや

ったのは俺だし、電流爆破ってネーミング付けたのも俺」と語気を強めて言うと
「あの頃、スタッフみんなでいろいろな案を出し合った。今で言うブレーンストーミングって言うのかな。ワニをリングに置いたらどうかとか、リングに火をつけたらどうかとか、爆弾を爆発させたらどうかってさ。その案が電流爆破の元になるんだけど『言うは易し行うは難し』なんだよ」と言い放った。

そして「爆弾を爆発させる案を採用したのは俺と昌ちゃんの2人。イラストを描いてイメージを具体化したのは昌ちゃんだし、2人で実験にも立ち会った。電流爆破のネーミングを考えたのは俺で、実際に試合をしたのは、俺とターザン後藤なんですよ」と言い切った。

「何もない団体がのし上がるには何かとてつもないことを考えるしかなかった。なりふり構っていられなかったし、それが成功しなかったら、いつ潰れるか分からなかった」としみじみ振り返った。

「みんな成功するとは思っていなかったけど、プロセスが楽しかった。（デスマッチの）図面から何から俺がやったから」

そう回顧したが、年間２００試合以上をメインイベンターとしてこなし続ける、その体は徐々に限界に近づいていた。

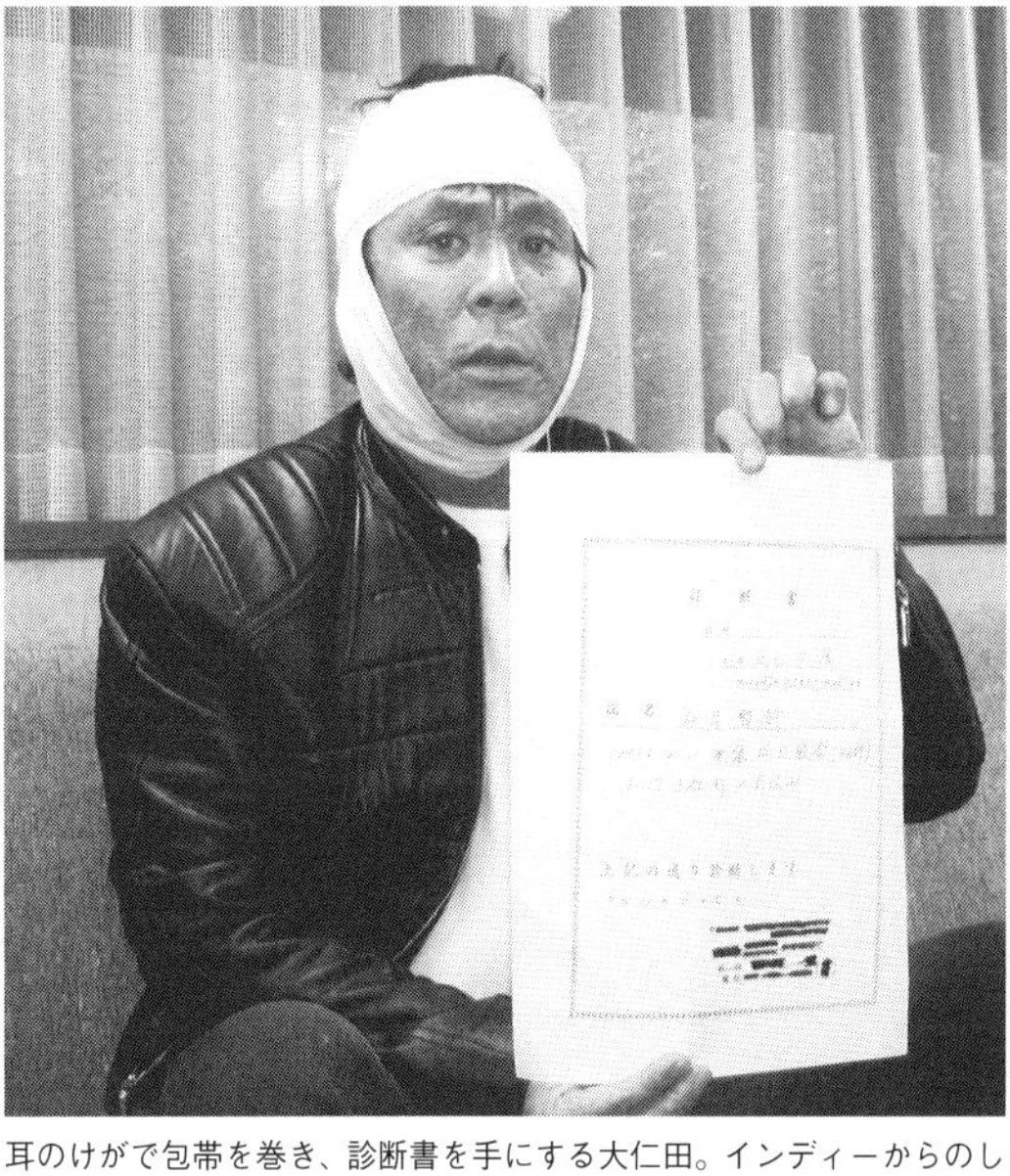

耳のけがで包帯を巻き、診断書を手にする大仁田。インディーからのし上がるために、いつも体中に傷を負いながら戦いを続けてきた

敗血症による臨死体験

大仁田は人気絶頂期を迎えた「インディーの雄」FMWの一枚看板として常にメインイベンターとしてリングに上がる一方、人気テレビ番組のレギュラーやバラエティーに毎日のように出演。CM撮影もこなす中、プロレス界を超えたスターとして〝時代の寵児〟になっていた。

FMW発足以来1日もオフはなし。目の回るように忙しい日々を「1年間で200試合くらいしてましたから。昔は月曜日から日曜日まで全30試合とかやっていたわけじゃないですか？　今でこそ土、日、土、日で試合だけど」と振り返り「かなり衰弱していたと思います。他の団体はトップがセミファイナルに降りたり入れ替わるけど、FMWに限ってはトップは入れ替わらない。俺だけ。しかも200試合ごとに毎回、流血するわけじゃないですか」と話した。

そんな中、ついに体が悲鳴をあげたのが、93年2月16日の九州巡業中のことだった。

体の異常はチーム・カナダとのシングル3連戦の2戦目、身長2メートルの巨漢ザ・グラジエーター（07年死去、享年42）戦の試合前からあった。

「最初は風邪だと思っていました。鹿児島（大会）の前の宮崎で苦しいから病院に行って、へんとう腺にたまった膿《うみ》をノドを切ってもらって出していたんです」

そんな状態で上がったリングで試合には辛勝も「突然、息ができなくなった。試合中に呼吸困難になって、控え室で息が苦しすぎて救急車を呼んでもらって鹿児島市立病院に運んでもらった」と回顧する通り、会場から緊急搬送された。

病院到着後、チキンラーメンとジュースは口にできたが、「お医者さんから『こんなことやってたら死にますよ』と言われたところまでは覚えているんだけど、そこで意識が飛んだ。フワーッとね」

完全に意識不明となり、危篤状態に。病状は急性肺炎に敗血症の併発。

「あまりにも体温が高すぎて氷漬けにされていたってことみたいです。へんとう炎から敗血症になっていた。肺が真っ黒でいろいろな抗生剤を打たれても全然、効かなかった。最後に東京から取り寄せてもらった特殊な抗生剤を投与してくれた。

これが効かなかったら死んでましたね」

2月20日から18日間に渡って意識不明に。東京から母・巾江さんら親族も呼ばれ、「生存確率は30％」と宣告された。

プロレス業界には「大仁田危篤説」が徐々に広まり、今だから笑い話になるが、「スポーツ報知」も「『涙のカリスマ』大仁田厚さん死去」の死亡予定稿の紙面を作って待機した。

結局、入院生活は38日間に及んだ。

「13人の専門医が看てくれたけど、助けてくれたのは年配の女医さんでした。その人が選んだ最後の抗生剤が効いたんです」

なんとか一命を取り留めた。「死亡確率70％」の瀬戸際からの生還だった。

意識不明だった18日間について、「臨死体験の真っ最中でした。ずっと苦しいな、苦しいなと感じていて。草原が見えるわけですよ。ヨーロッパ風の麦畑があって、遠くに大きな木があって、そこに向かって行ったら幸せになれると思って行くわけですよ」と淡々と話すと「そこで急に雪山になって、苦しいな、もう休もうよってなって。そこで休んでいたら僕は死んでいたと思うんですけど、歩き続けたら、でかい熊が出てきて、いい格好をしないといけないから『みんな、どけ！』みたいなポーズを取って、熊に向かっていった。そうしたら、熊にバンと殴られて、それで意識が戻ったんです」と、今だから微笑を浮かべながら話せるが、そんな危機的状況だった。

「後から見たら頭にコブがあった。『熊に殴られた』って言ったら、医師も『そうだね』って言うわけですよ。今から思うと、どこかでぶつけたコブだったんだろうけど、もう死亡の寸前でした。だから、今、しぶとく生きてるんです」と淡々と話した。

だが、この臨死体験が、がむしゃらに突っ走ってきた「邪道」の生き方、考え方を根本から変えた。

「あの頃、俺のやっているデスマッチはどんどん、どんどん過激になっていって。縫い跡もどんどん増えていってさ。どこか『あとは死ぬだけだな。究極の表現は死だよな』とか考え始めていたんだよね」と率直に明かすと、「でもさ。ずっと突っ走ってきたけど、生きていてこそだなって。俺が表現したいものだって、命がなきゃ表現できないんだよなって」と真剣そのものの表情で口にした。

「生きていてこそ、なんぼ」

そんな思いこそ芽生えたが、たとえ本当に死にかけたとしてもFMWの一枚看板には、一瞬の休息も許されなかった。

1か月半後の93年5月5日には川崎球場での超ビッグマッチ、「兄貴分」テリー・ファンクを迎えての史上初の時限爆弾を使用しての「ノーロープ有刺鉄線電流爆破超大型時限爆弾デスマッチ」が待っていた。

生死の境をさまよった38日間に及んだ入院生活からかろうじて〝生還〟したが、当時35歳の体は、まさにボロボロだった。

「70％死ぬって言われた状態から生還したけど、起き上がった時には体中に点滴やいろんな管をつながれていて…。初めてベッドから降りた時には、ウンコをちびっちゃったんですよ」と赤裸々に振り返る。

「その時、『ああ、こんなことやっていたら死んでしまうな』って本当に思った。

それまでは死というものを意識しないように一生懸命、駆け抜けていたんだけど…」

さらに、こんな根本的なことまで思った。

「基本的に俺はジュニアヘビーの体だから。それを無理に大きくしてヘビーとしてやっていたから絶対に無理もあった」

無理をして大きくしてきた体からは入院生活の間に体重13キロ分の肉がそげ落ちていたが、それでも休めない理由があった。

それは退院1か月後、一枚看板である自身が欠場中のＦＭＷ後楽園ホール大会を観に行った時のことだった。

「観客が半分も入ってなかったんですよ。新日や全日は選手層が厚いからいいけど、この団体は俺がずっとメインイベントで引っ張っていかないといけないと…。その時、そう思い知らされた」

「みんな簡単に考えているけど、ビジネスはそんな簡単なものじゃないんです。観客が求めている以上のものを提供しないとエンターテインメントとして成立しない。インディーの雄・FMWとか言っていたけど、実態はこれかって…。地方に行ったら赤字を食らうわけで、唯一、後楽園ホールが入っていただけで実質的なものは大変だった」

だからこそ、リング復帰を急いだ。

ドクターストップがかかった状態でのリング復帰だったため、4月1日にはFMWに「たとえ死んでも会社には一切迷惑をかけない」という誓約書まで提出した。「気力だけだったけど、（試合を）延期しようって気は全くなかった。（FMWの勢いが）ビジネスとして下がっていると肌身に感じていたから、焦りしかなかった」

大仁田を待っていた大一番。師匠であり、兄貴分でもあるテリーさんとの史上初の「ノーロープ有刺鉄線電流爆破大型時限爆弾デスマッチ」は、それだけ命がけの一戦だった。

有刺鉄線に電圧200ボルトの電気が流され、160発の小型爆弾を設置したリングの周囲に1面につき2個、合計8個の金属製の箱の上からコンクリートブロックで固められた20×20センチの大型爆弾を設置。この爆弾は10分経過ととももに本部席に置かれたスイッチが入り、5分後（開始15分後）に8個すべてが一気に爆発する。

試合は時間無制限1本勝負で行われるため、15分以内に決着をつけてリングを降りないと、爆死の危機にさらされるという前代未聞のデスマッチだった。

全日本プロレス時代に米テキサス州アマリロの自宅で教えを乞い、そのレスラーとしての生き様を学んだテリーさんとの戦いを前に「むりやり80％の体調まで戻した。だって、NWAという（米プロレスの）頂点を極めて、いろいろなインディーも回った人との戦いだよ。同じような運命をたどっているなと思っていた人との試合だったから」と奮い立った。

4万1000人の大観衆が詰めかけた一戦は開始早々、小型爆弾をぶら下げた有刺鉄線に叩きつけられた大仁田が背中と両腕から大流血。顔面から有刺鉄線に突っ込んだテリーの顔面も早々に血まみれになった。

顔面パンチに頭突きとシンプルな痛めつけ合いが続いた末、12分14秒、大仁田渾身のサンダーファイヤー・パワーボムがさく裂し、3カウント奪取。勝負はついた。

だが、ここで「あと2分です！」と、爆弾爆発までの残り時間を告げるアナウンスが流れた。

一度はリングから降りた大仁田だったが、リング上で大の字になったテリーを救出するために再びリングへ。その体に覆い被さったところで大爆発が起こり、立ち上る火柱と黒煙で観客は何も見えなくなった。

数秒後、リング上に倒れたまま抱き合う大仁田とテリーの姿を見て、やっと安堵した観客たち。血と火薬で全身をまだらに染めた大仁田はマイクを持つと、「俺はやっぱり、リングが好きじゃ～！　夢という言葉がある限り、ＦＭＷは絶対、潰さん！」と絶叫。

多くの観客が涙を流す前で「素質のないウチらが生き残るには、これしかないんじゃ！」と続けた、その瞬間こそが、まさに「涙のカリスマ」としてのクライマックスだった。

あれから31年が経った。あの時、リングサイドで取材していた記者も飛んできた泥で服が真っ黒になったことを覚えている。

世紀の一戦について改めて聞くと「あの試合で俺は指が半分取れそうになった」そう自身の指をなでながら振り返った。

「テリーさんに覆い被さったのは（爆弾から逃げた）卑怯者になりたくなかったからじゃないです。ただ、敬意を表しただけ。『ありがとう』って意味で覆い被さった。俺の時代のスーパースターですから。憧れの人と電流爆破をやれたっていう感謝の気持ちだけでした」

そう笑みを浮かべて話すと、「何を考えるとかじゃなくて、自分の中でいつも思っていたのは、ぎりぎりだったなって。自分の中に制御する自分がいて、限界が来るんです。今のレスラーがうまいのは休養とか言って、それは引退じゃないんだってしているけど、うまいなって思うよ。俺はうまい生き方ができなかった。試合に出ないイコール引退だったんだよ」

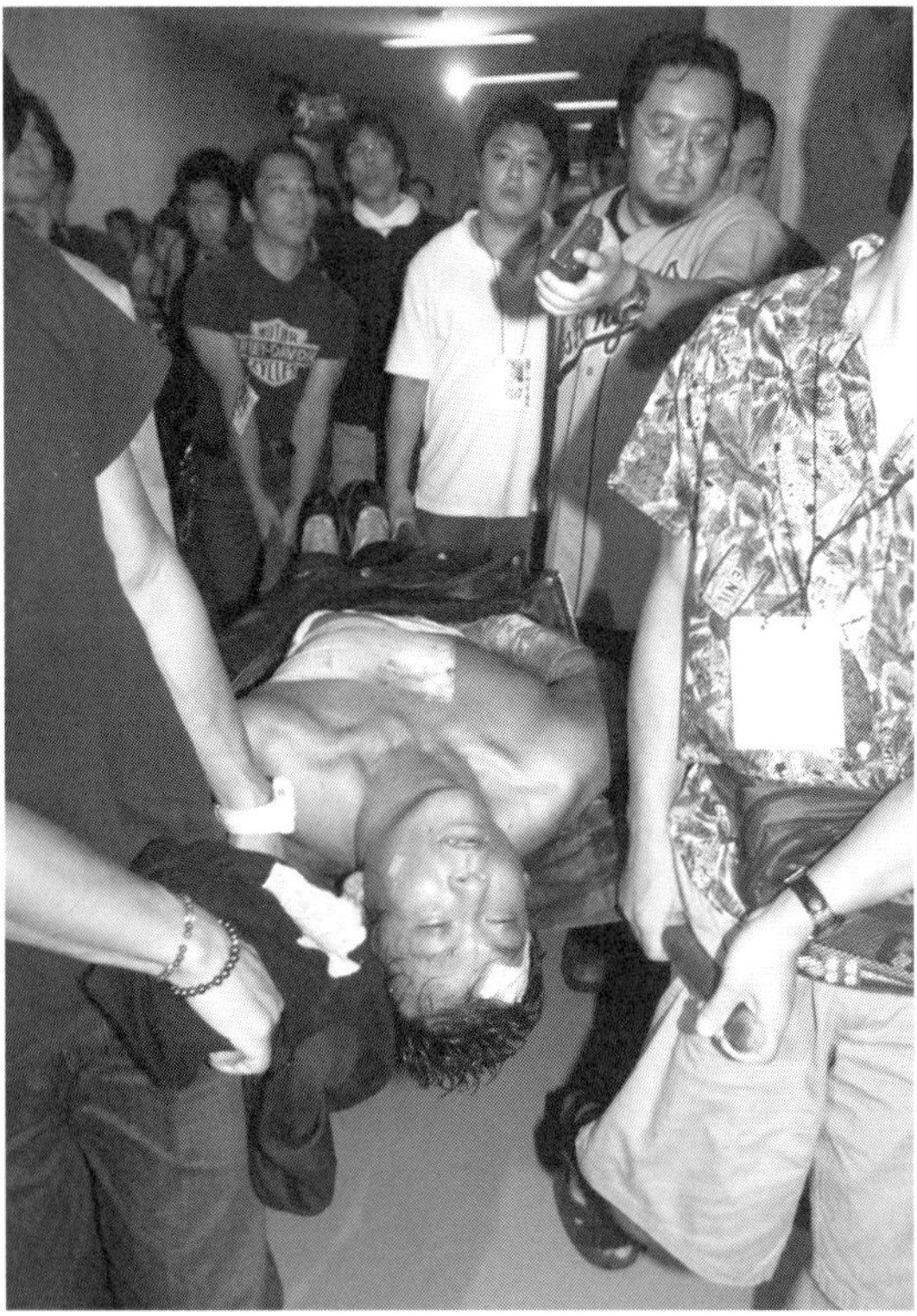

常に全身傷だらけでボロボロになるまで戦い、担架で搬送されることも多かった

天龍との死闘、２度目の引退

そして、ちょうど1年後に迎えるＦＭＷ川崎球場大会。そのリング上で、大仁田の対角線には全日本プロレス時代には大きなジェラシーの対象であり、「ライバル」と言うには大き過ぎる存在だった天龍源一郎（当時44歳）が立つことになる。

だが、その時、大仁田の心の中には「うまい生き方ができなかった」故の大きな決意が芽生え始めていた。

全日所属の10代の頃、「ジェラシー」を感じていたこともあった男との大一番。生死の境をさまよった敗血症での入院からわずか1か月半で臨んだテリー戦から1年後の94年5月5日、ついに、その試合の時が来た。

36歳になった「邪道」が「この男だったら電流爆破を正面から受けそう」という理由で心の底から望んだのが、「ミスター・プロレス」ことＷＡＲの総帥・天龍との一騎打ちだった。

5万人の観客を飲み込んだ川崎球場での世紀の一戦。

「天龍さんとリング上で対峙した瞬間、『ああ、ここまで上り詰めることができたんだ』って思った。自分の中での到達点でした」

今から30年前。当時、プロレス界のトップ・オブ・トップだった天龍との死闘の記憶を、そう振り返った。

共にジャイアント馬場さんの元で育った天龍と大仁田。この年3月のWAR両国国技館大会で大仁田はターザン後藤と組んで、天龍、阿修羅・原組と対戦。天龍から場外でのパイプいす攻撃などでペースを握った末、ピンフォール勝ち。激怒した天龍が「俺が負けたヤツの中に大仁田の名前があるのは許せない」の失礼過ぎる言葉のもと、川崎球場でのシングル対決を受諾したのだった。

試合形式は「ノーロープ有刺鉄線金網電流爆破デスマッチ」。

爆破から体を守るためのTシャツなどを着用してリングに上がるレスラーが多い中、天龍はいつも通りの上半身むき出し。黒のショートタイツ姿で堂々、リングインした。

序盤、電流の流れる有刺鉄線に叩きつけられた大仁田はあっという間に右腕から大量出血。古傷の左膝に集中攻撃を受けて悶絶した。天龍も中盤、体当たりしようとしたところをかわされ、正面から有刺鉄線に突っ込み被弾。額から流血する壮絶な一戦となった。

試合は合計3度被弾した大仁田がほぼグロッキー状態になったところを天龍が必殺のパワーボムで仕留め、3カウント奪取。全日出身者同士らしい技の攻防が繰り広げられた23分55秒の大熱戦だった。

「負けたら、男のケジメをつけ

当時、プロレス界のトップに君臨していた天龍源一郎との電流爆破マッチが実現した(1994年5月5日・川崎球場)

る」

　そう試合前に宣言していた大仁田は血まみれのまま、1年後のFMW川崎球場大会での2度目の引退を表明した。

　その時の本音を「自分の中で疲れたんですよ。このまま行けば、ずっとメインイベンターで（年間）200試合以上試合して毎日、流血するんですよ。毎日、血を流して、そんなものを3年も4年も続けていたら…」と明かした。

「死んで暗い部分をFMWに残すわけにはいかないなと思った。俺がリング上で死んでしまったら、グロの世界になってしまう。プロレスを含むエンターテインメントはそこにヒューマニズムがないと成立しないと思っているんです。血まみれのアングラの世界までやってしまったら、ヒューマニズムから外れてしまう。あくまで生きてなきゃ表現はできないなって」と続けると、「天龍さんとの試合は、どこかでケジメをつけなきゃいけないっていうケジメの試合だったんです」と口にした。

　当時、人気絶頂だった大仁田には複数の政党からの参院選出馬オファーがあったとのうわさもあったが、この風説については「初めて政党からのオファーがあったのは（01年の）初出馬の半年前に自由党（当時）の小沢一郎さんに会ってくれと言われて、会ったのが最初。当時は（政界転身は）全く考えてなかった」と完全否定した。

「負けたら引退」を決意していた天龍戦直前にはＦＭＷの社長室に二人三脚で歩んできた荒井氏と営業部長の２人を呼んで、トップの座を譲っていた。

「『どちらかが社長をやらないか？』と聞いた。そうしたら、昌ちゃん（荒井氏）が『僕がやります』と言った」と大仁田。代表権譲渡の理由を「（レスラー兼社長の立場が）重かったんです」と、正直に言った。

引退試合は1年後の95年5月5日に聖地・川崎球場で行うこと。それまでの1年間は「全国のファンにお別れを言いたい」という考えのもと、引退ツアーをすることも明かした。

「今後の自分のための貯えと団体に当面の資金を残そうとしたんです。引退ツアーをやれば、オカネが残ると思った。結局、３０００万円の資金を残しました」と振り返った。天龍戦に敗れ、「男のケジメ」として選んだ2度目の引退への道。レスラーとしての終わりを告げるカウントダウンの1年間が始まったが、ここから自身の愛するFMWは激動の1年を迎える。

95年5月5日に聖地・川崎球場で行われる引退試合までの1年間、全国のファンに別れを告げることが目的の「日本全国縦断　大仁田厚メモリアル引退ツアー」がスタート。「涙のカリスマ」の最後の戦いを見ようと、各地で超満員の動員が続く中、最後の最後に大きな波乱が待っていた。

引退マッチの相手として誰もが認める存在だったFMW創設時からの盟友・ターザン後藤さんが大一番の2週間前の95年4月23日、都内のホテルでミスター雁之助、フライングキッド市原の2人を従え緊急会見。突然、FMW離脱を発表したのだった。

当然、引退マッチの相手も白紙に戻った。

「ビックリしましたよ。突然、会見して離脱とか言っていて」

そう当時を振り返った大仁田だったが、思い当たる節はあった。

自分が引退してＦＭＷを去るにあたって盟友だった後藤さんに後を託せれば一番簡単だったが、ことはそう単純なものではなかった。

「ターザンって、ガーンと頑固で一本気な男だった。選手の中で一番信頼していたから若手の育成も任せていた。ただ、人の意見に聞く耳持たずというところがあったから、俺が辞めた後、自分の意見に固執して暴走しないか心配だった」と率直に明かし「でも、（ＦＭＷの選手）全員で言えば分かってくれると思うから、みんなを集めて『ターザンに意見を言えるような体制にしろよ』ってことは言っていた」と続けた。

「そうしたら、一部の選手が『大仁田さんがターザンを辞めさせるって言っている』と吹き込んだんだと俺は思う。あれはターザンの勘違い。俺の『ターザンに意見を言え』って言葉を『俺を追い出すのか？』って、ターザンは思ったんじゃないかな」と推測した。

22年5月に肝臓がんのため58歳で亡くなった後藤さんは離脱の一幕を「墓場まで持っていく」と話し、最後の最後まで沈黙を守った。

そのため、大仁田は一方的な言い分になることは認めた上で「『墓場まで持っていく』なんて、本当に当時のターザンの気持ちは分からない。本当は、あそこでターザンに直接言えれば良かったんだけど、あの頃、コミュニケーションがなくなっていた」と心底、寂しそうな表情で言った。

「ＦＭＷが成功するにつれ、ターザンとも距離ができていた。２人でメシに行く時間もなくなったし。意思の疎通がどんどんなくなって…。ただただ、俺が後藤を外すような言い方に聞こえたら嫌だなとは思っていた」と回顧した。

その上で「後藤をクビにするなんて、俺が言うわけがない。ＦＭＷを旗揚げした時にアメリカから駆けつけてくれたし、電流爆破を最初に一緒にやってくれた。最大の功労者じゃないですか」

きっぱりと続けると、「ターザンをたきつけて離脱しておいて、結局、ＦＭＷに戻ってきた一部の人間は信じられないし、人間的に許せないです。ターザンをそそのかして出ていって、また戻って来た。後に『すみませんでした』って謝ってきたヤツもいたけどね」と吐き捨てるように言った。

「でも、ターザンとは1回、和解した。だって、ターザンの興行に出てますもん、俺」と09年から10年にかけ、後藤さんが主催した「新FMW」にタッグを組んで参戦した頃を懐かしんだ。

「でも、その時、ギャラを払ってくれなかった。払えなかったのかな？　でも俺は『いいよ。また、2人でやっていこうか』って話をして、ギャラの未払いはどうでも良かったんだけど、そこから、またおかしくなった」と振り返ると、「運命は不思議なもので、あのままターザンがいてくれたら、違う方向に行っていたはず」とも続けた。

だが、時は待ってくれない。

5・5に迫った引退試合に向け、急きょ対戦相手の選考を迫られた大仁田は当初、名乗りを挙げた東京プロレスの石川敬士との対戦を決めたが、FMWの次世代エース・ハヤブサ（本名・江崎英治、16年死去、享年47）が調印直前で引退マッチの相手に名乗りを上げる。

「ハヤブサは正統派の次世代エースとして、邪道色に染めたくなかったけど、結局、ハヤブサになった。バトンタッチする意味では、ハヤブサが一番いいかなとも思った」

後継者は、それこそ盟友・後藤さんでも良かったのではないかという見方については「(93年に)敗血症をやった時の記憶が大きくてさ。俺がいない後楽園ホール大会を見た時、ガラガラだった。その大会のメインイベンターをターザンが務めたことが俺の頭の中にあって(後藤では)ダメだと。トップを張るのはハヤブサかなと思った」と、シビアな目線できっぱり言った。

「俺はハヤブサをエースにしたいと思っていた。俺が『次期エースはハヤブサがいいと思う』と言ったらターザンは否定して『ハヤブサを潰す』と言った。選手としての嫉妬もあったんだろうけど、団体のことを考えたら、ハヤブサしかいなかったのに…」と率直に続けると、「陰と陽だとしたら、陰が後藤でハヤブサが陽だったんです」とレスラーとしての「華」の部分を指摘した。

そして95年5月5日の川崎球場に5万8250人の大観衆を集めて行われた2度目の「大仁田厚引退試合」

世界ブラスナックル選手権試合・ノーロープ有刺鉄線金網電流爆破時限爆弾デスマッチとして行われた大一番は大仁田のサンダーファイヤー・パワーボムをカウント2で返したハヤブサがニールキックを叩き込み、そのまま突っ込んだところをかわされ電流爆破に被弾。直後には時限爆弾が爆発し、荒井リングアナウンサーが「(リングの)中の選手を確認してください！」と絶叫する中、猛烈な爆破が続いた。

2人とも血まみれ、泥だらけになる中、18分11秒、大仁田がこの試合5発目のサンダーファイアー・パワーボムで3カウントを奪った。

試合後のリングでマイクを持った「邪道」は「俺も、ターザン後藤も、ハヤブサもFMWが好きなんじゃ！　FMWは絶対、潰れん！」と絶叫。引退セレモニーもなく、10カウントゴングも大仁田の退場後に鳴らされる「邪道流」を貫く引退試合となった。

緊急搬送されるハヤブサに向かって、「ハヤブサ！　俺を2度とリングに上げるなよ！」と絶叫した大仁田。引退する「邪道」と身長183センチ、85キロの均整の取れたボディーを持つ「不死鳥」と呼ばれたハヤブサ。

美しいエース継承劇が展開されたと見えた一夜だったが、ここから大仁田の人生も、FMWも大きな混迷の渦に巻き込まれていく。

「プロレス辞めたら商品価値ない」

「ＦＭＷは絶対に潰れん！」の絶叫とともにハヤブサらに後を託し、２度目の引退に踏み切った当時について、「ＦＭＷにも資金を残そうとしたんです。オカネが残ると思ったから引退ツアーもやって、団体には３０００万円の資金を残したんです」という。

その時点では未練なくプロレスに別れを告げ、「涙のカリスマ」として得たプロレス界を超越した知名度のもと華麗にタレント転身を果たしたかに見えた95年の大仁田。しかし、当時の人生設計は「意外と何もなかったんです。本当に何もなかった」と正直に振り返る。

「プロレスへの未練もなかったけど、燃え尽きていたかと聞かれたら、それは分からなかった」

ポツリとつぶやいた後、「膝が悲鳴をあげていて限界だったのが、引退の一番の原因でした。10メートルも自力では歩けなかったし、最後の1年間は毎日、痛み止めの注射を打って歩いていたから」と、84年の1度目の引退の原因となった左膝粉砕骨折の後遺症を明かした。

「ドクターストップというより『もう限界だよ』って医師に言われて。本当は引退じゃなくて、誰かのように休養って言って、人工膝（置換手術）にすれば良かったのかも知れないなと思ったこともあったけど、当時の俺にはそういう〝頭の良さ〟はなかった。ひたすら『なんだ、大仁田、大したことねえな。全然動けないじゃないか』とか言われたらアウトだなという感情だけがありました」

当時、「天才・たけしの元気が出るテレビ！」、「なるほど！ザ・ワールド」などにレギュラー出演していた人気者だっただけにタレント転身も当初は順調だった。バラエティー番組のギャラもロケとスタジオで1本あたり100万円と、トップランク扱いだった。

大きな後ろ盾もいた。

「一番、お世話になったのが島田紳助さん」と、2011年に芸能界を引退した1歳年上の大物の名前を挙げると「いろんな場面で使ってくれて、俺がよく口にする『胸いっぱい』って言葉も実は紳助さんが俺に送ってくれた言葉なんです。敗血症で死にかけた時、紳助さんが送ってくれた手紙に書いてあったんです」と、今や「邪道」のキャッチフレーズとなっている言葉の由来も明かした。

「自分としては馬場さん、猪木さんは別格で比較の対象にはならないけど、『タレント・大仁田厚』として自分の知名度を上げないといけないという思いがあった。今はＹｏｕＴｕｂｅとかいろいろな媒体があるけど、当時はテレビだけだった。テレビに依存しないと、スターになれなかったから必死だった」

日々、各局を回り、タレントとしてかけずり回ったが、徐々に周囲の視線に膿《う》んできた。

「芸能界ってキャラクターを作るところがあるじゃないですか？　プロレスラーに求められるのも、ちょっと頭が悪くてなんぼのもんだみたいな。常にそういうキャラがまとわりつく。そもそも俺のイメージって、流血だ、粗暴だっていうね。俺も頭がいい人間とは思っていないけど、クイズ番組で正解し続けると頭いいみたいな印象がつくのとは逆で。常にボケに回らなきゃいけない部分があって」

今でも忘れない決定的な一言があった。

それはフジテレビのスタジオで11年に死去した「オレたちひょうきん族」「笑っていいとも！」などで知られる大物プロデューサー・横澤彪さんに言われた、こんな言葉だった。

「プロレスをやっている大仁田厚には商品価値があるけど、辞めた大仁田厚には商品価値がない」

「その言葉は今も頭の中にあります。暗闇の中に落とされたような気持ちで、この世界での俺への評価って、こんなものなんだなって」

「その時、もう1回、プロレス界に戻りたいというエゴが芽生えた。何回もの復帰は本当に申し訳ないと思ってますけど、俺はエゴの塊みたいな男ですから」

一見、開き直りにも思える言葉も口にした「邪道」だったが、そこには2度目の引退マッチを行った川崎球場に残してきた思いもあった。

「ハヤブサに勝っちゃったじゃないですか？　勝っちゃいけなかったし、5・5は本当はターザン後藤とやらなきゃいけなかったんです。あいつが介錯してくれていたら、ここまでの復帰はなかったと思う」と率直に明かすと、「プロレスだって嫌なことはたくさんありますよ。でも、それを上回るたくさんのファンがいるわけじゃないですか？　『30年見てます、40年見てます』って言ってくれる人がいるし、俺は（5・5）川崎で5万8000人の観客が、俺が指1本を掲げただけであげてくれる大歓声が忘れられなかったんです」

2度目の復帰とFMW追放

2度目の引退から1年7か月後の12月11日、FMW駒沢体育館大会で大仁田は長年の宿敵・ミスター・ポーゴさんの「俺の引退試合では大仁田とタッグを組みたい」という願いをかなえる形で「16歳からリングに上がってきたから故郷みたいなもの」というプロレスの舞台に2度目の復帰を果たす。

「自分の中で一般社会になじめない自分がいて、やっぱりプロレスが一番光ることができる場所だと思った。あと1年間、休んだことによって、膝の調子も良くなっていたんです」

そう振り返った大仁田は2度目の引退からわずか1年7か月でのリング復帰に大きな批判を浴びながらも、一レスラーとして「故郷」FMWのリングに戻った。

FMW全盛期には約1億8000万円あった自身の収入の管理はすべて義父・松原茂二さんに任せ、試合とテレビ出演に集中した。

2度目の引退と同時にFMW社長の座を創立時から二人三脚で歩んできた荒井

氏に譲り、株式の47％を譲渡。自身の持ち株も53％まで減らした。

株式は保持も経営には参加せず、単なる契約選手の1人となった。

「1試合出場するごとに30万円でした」と当時のギャラを明かすと、「その頃、芸能活動のギャラはロケとスタジオ合わせて1本100万円くらいだった。でも、俺は30万円だって団体にとって大きくないかって思った。だから、営業部長に『負担にならないか？』と聞きました」と明かした。

同年には団体内団体「ZEN」も設立したが「それは全く理解されなかった。ZENがある程度の選手を引き受けて、ギャラを払おうと思ったけど、みんな理解しなかった」という。

2度目の引退後、FMWは大仁田がジャイアント馬場さんに推薦して全日本プロレス参戦をお膳立てしたハヤブサ中心のエンターテインメント路線と金村キンタロー、田中正人（現・将斗）ら「邪道」を受け継ぐデスマッチ路線に二極化。しかし、「大仁田」というビッグネームなしの状態での観客動員には苦しんでいた。

だが、「涙のカリスマ」復帰後、その知名度から地方大会での動員アップは顕著に。業績も右肩上がりとなったが、メインイベンターにこだわることなく、セミファイナルのリングもこなしていた大仁田自身は、ある違和感を感じていた。

「エンタメ路線とデスマッチ路線の衝突はありました。空気は悪かったです」と正直に明かした。

「俺の中にセミファイナルに下がっても、レスラーの性《さが》で会場を盛り上げたいっていうのがあった。ハヤブサに負けたくない、メインイベンターに負けたくないってのがあるじゃないですか？　そこがいけなかったのかなとは思います」

そう続け「ハヤブサたちだって、自分たちの世代でやりたいわけじゃないですか？　そこに知名度のある俺が入るのは面白くないわけで。プロレスラーって、そういう変なところがあるんですよ」と話した。

リング上の雰囲気だけではなかった。

なぜか「大仁田が知名度を盾に法外なギャラを要求して、新生ＦＭＷの経営を圧迫している」といううわさが広まった。

だが、「全盛期は1億８０００万円のうちの半分の９０００万円を団体に入れていたのは俺ですよ。復帰後のギャラが1試合30万円だったのは事実だし、団体のカネなんて見たこともない。いかにも俺が高いギャラをもらっていたように言うけど、それは違う。俺へのギャラでもめたというのはウソです」と、きっぱりと否定し「なんでウソをつくのかなと今でも思う」と声を震わせた。

「俺はＦＭＷが永遠に続けばいいとだけ思っていた。単純にＦＭＷを愛していただけ。カネの亡者とか言われるけど、そこは否定させてくれって。自己弁護になるかも知れないけど、新生ＦＭＷには一切、迷惑をかけていないと言いたい」

だが、その日は突然やってきた。

98年10月、大仁田は「試合のビデオの件で相談がしたい」という荒井社長に突然、東京・五反田のＦＭＷの事務所に呼び出された。

会議室に入ると、そこには荒井氏以下、主な所属レスラーたちが集まっていた。

「何やっているんだと思いました。訳の分からないであろう若い中山（香里）まで呼んでいるわけですよ。（集まって対峙しないと）俺に殴られるとでも思ってたんじゃないですか？」

そこで顔色をなくした荒井氏が「大仁田さん、（FMWから）出て行って下さい。撤退して下さい」と口にした。

大仁田サイドについていたのは、付き人だったマンモス佐々木と保坂秀樹さん（21年死去、享年49）のみ。「佐々木と保坂が泣いて『こんなこと、やめて下さい』って言いました」と振り返った。

「でも、よく考えたら、俺が創設して、事務所の家賃も払っているわけじゃないですか？　だから、『おまえたちが出ていくべきじゃないか？』ってだけ言いました」と続けた。

「でも、もう去るしかないのかなと思いました。冷めちゃいました。こんなもんかと」とつぶやくと、「ある種、クーデターでした。自分が作ったFMWから追い出される…。歴史は繰り返す。猪木さんも新日から追い出されたし、力道山の頃から創業者が追い出される歴史がプロレス界にはある気がする。それは歴史が証明しているじゃないですか。俺にもそういう時が来たのかと、あの時は思いました」と、今だからこその冷静な視点で振り返った。

その上で「薄々感じてはいました。昌ちゃんの態度とかで。時々、思いますよ。踏んだり蹴ったりだなって」と本音で言った。

「みんな、間違えているけど、（新生ＦＭＷは）既に俺が作ったＦＭＷという会社ではなかった。ＦＭＷという名前を使って、昌ちゃんたちが新会社を作ったんです」と改めて言うと、「俺の頃はＢＭＧビクターと契約して何回も（試合のビデオで）ヒット賞をもらっていた。新生ＦＭＷは事実上、昌ちゃんたちが別の大手レコード会社のカネで作った会社です」と説明した。

「あくまで俺の視点からだけど」と前置きした上で「結局、俺を追い出した要因は大手レコード会社から契約金５０００万円が提示されたことで、ＦＭＷの基礎はできているから、会社はビデオを売っても儲かると思ったんじゃないですか？　５０００万あれば、大仁田を切ってもやれるって見込みがあったんじゃないですか？　だから、強気で俺を切ったんだと思う」と推測した。

そして、創業者への明らかなクーデターにも映る大仁田追放劇の一部始終を見つめていた男がいる。

大仁田自身が「まるでクーデターのようだった」と振り返ったFMW追放劇の一部始終を目撃したのが、大仁田が「あいつが俺の最後の付き人」と言うマンモス佐々木だった。

今明かす大仁田厚の真実⑥　マンモス佐々木

東関部屋所属の大相撲力士だった佐々木は24年4月に死去した横綱・曙さんの付き人などもこなした後、廃業。「泥臭さに引き込まれてファンになった」という大仁田への憧れを胸に97年にFMWに入団。レスラーデビュー後、188センチ、125キロの巨体を生かしたパワーファイターとして活躍する一方、1年365日、付き人として大仁田のプライベートをアシストしていた。

マンモス佐々木

「その日」も大仁田、保坂さんとともに会議室に入ると、荒井社長を筆頭にフロント全員と所属レスラーたちが集まっていた。

「大仁田さんが『なんで、おまえら集まってるの?』と聞きました。そうしたら真っ白な顔をした荒井さんが『大仁田さん、(FMWから)出て行って下さい。撤退して下さい』と、いきなり言って…。大仁田さんは一瞬、声に詰まった後、ぼそっと『出ていくなら、おまえらの方だろ』って言いました」

そう振り返った佐々木は「大仁田さんは『これはちょっとおかしい』と続けて、僕と保坂さんは『こんなことはやめて下さい』と言いました。泣いたかも知れません。（団体の）内情や裏側というか、ああいう雰囲気は味わったことがなかったので」と正直に言った。

「それまで荒井さんはすごく大仁田さんのことを立てていたし、2人で話しているところをいつも見ていました。付き人の僕にも『大仁田さんをよろしくね～』って感じだった。逆に言うと、付き人だから、いろいろなことを僕の耳には入れないようにしていたのかも知れませんが…」と振り返り「ハヤブサさんが大仁田さんの悪口を言ったことも1回もなかった。全員がすごく大仁田さんに気を使っていた。でも、大仁田さんに何かを言える人がいなかったのは事実だし、（追放劇は）それぐらいしないと、大仁田さんにものを言えなかったのではないかと、今は思います」と分析した。

リングに上がる一選手としても淀んだ空気を敏感に感じ取っていた。

大仁田は創始者であり、全国区の知名度を誇るビッグネームではあるものの団体内では〝出戻り〟の一選手に過ぎない。それゆえ、エースの座を譲り渡したハヤブサや田中正人らにメインイベンターの座を譲り、セミファイナルでリングに上がることも多かった。

だが、佐々木が「地方での大仁田さんの人気は絶大でした」と証言する通り、地方巡業に行けば、「大仁田は知っているけど、あとは誰？」と口にするファンまでいたのがFMWの現実。「涙のカリスマ」の存在感は大き過ぎた。

「ハヤブサさんと大仁田さんでは全くスタイルが違うじゃないですか？　でも、大仁田さんはセミでリングに上がっても、フルに〝大仁田厚〟をやってしまう。あの調子で（マイクパフォーマンスなど）ワーッとやられたら、その後のメインでハヤブサさんたちがレスリングをやっても…と言うのは正直ありました」

次期エースと目されたハヤブサの力量については「ハヤブサさんはまさに天才レスラーで毎回、すごい試合をしていました」と認め「でも、観客の声援は芸能活動もしていて、フル参戦していない大仁田さんに上を行かれてしまう。それは…と思いますよね」と、現役レスラーならではの感性でポツリ。

「セミで観客を盛り上げてリングから降りた大仁田さんと付き人として一緒にバックヤードに戻ってくると、これから出番のメインの人たちが面白くない顔をしている。その雰囲気は当事者ではない僕も感じ取るほどでした」と明かした。

さらに「確かに大仁田アンチのファンも生まれていた時代でした。(2度目の)復帰をしたことへの拒絶感というか。札幌の大会の時、大仁田さんにイスを投げつけたファンがいて、自分の中でショックでした。アンチも含めて結局、大仁田さんを見に来ているんですけどね」と観客の大仁田への視線の変化も感じ取っていた。

「団体が大仁田さんたちとハヤブサさんたちと二極化していた。大仁田さんを煙たがっていたわけではなく、リスペクトは持っていたと思いますが」という雰囲気の中、やってきた「破局」の時。追放劇後、佐々木は寝泊まりすることも多かった千葉県内の大仁田の自宅マンションに戻った。

「大仁田さんと一緒にダメになってもいいかなと」とまで思っていた佐々木に大

仁田は時間を置いて、こう言った。

「おまえはＦＭＷに残れ」

「ハヤブサさんたちにもＦＭＷに残ってほしいと説得されました」とも明かした佐々木は大仁田追放後も団体に残った。

決断の理由は「大仁田さんはＦＭＷをすごく大事に思っていたから」というもの。何より憧れ以上に大きな恩義が大仁田にはあった。

「オヤジが倒れた時にまとまったオカネを渡してくれて。『半分は俺からの見舞いだ。半分はおまえの新幹線代で、余ったらオヤジさんに渡してやれ。おまえの家族は俺の家族だから』って言ってくれた。一生、忘れないですね」

付き人として密着していた男は7回の引退、復帰を繰り返してきた「邪道」に対しても独特の視点を持っている。

「曲がった考え方かもしれないですけど、それ自体を楽しめばいいんじゃないかなと思います。次の引退はいつなのか?みたいな。大仁田さんに関しては達観してます」と笑顔で言った。

「だって、何回、復帰を繰り返しても離れない人は離れないじゃないですか？　大仁田さんもそういう付いてきてくれる人たちを大事にしているし」と続けると「僕は師匠だと思っているんで。唯一無二の存在です。大仁田厚は大仁田厚で二代目がいない。大仁田さんの年齢であれだけのことをやっているのって、すごいじゃないですか？　地雷（爆破）だって一歩間違えれば指だって吹っ飛ぶってことを今でもやっているわけで」と熱く話した。

「自分なりにFMWの火は消したくないと思っています」と言う通り、現在、プロレスリングFREEDOMSのリングで活躍中の佐々木の入場テーマは今でもFMWのテーマソングだ。

「大仁田最後の付き人」は「大仁田さんのマネはできないので、これからも自分なりのプロレス、あの頃、大仁田さんが言っていた『胸いっぱいのプロレス』をやればいいかなと思ってます」と人柄のにじみ出た優しい笑顔で言った。

業績悪化と荒井社長の悲劇

だが、佐々木のように純粋にプロレスを愛するレスラーがいる一方、ＦＭＷの中には、大仁田が生み出す莫大なカネ目当てで群がる男たちもいた。

「俺がＦＭＷを潰したと言う人もいるけど、少しだけ反論させてくれ」

真剣な表情で、そう切り出した大仁田。創始者であり、唯一無二のメインイベンターである自身に年収１億８０００万円のサクセスストーリーをもたらしたＦＭＷ。だが、「インディーの雄」には団体としての急成長直後から〝カネ〟にまつわるダーティな動きが常につきまとった。

渉外担当だった茨城清志氏は映像権を自分のものにしてしまったと言う。

「茨城は広報みたいなことをやっていて、初期の電流爆破の映像の権利を持っていっちゃった」と声を荒げる大仁田。

現在、大仁田が主宰するＦＭＷＥにはＦＭＷの映像使用権が一切ない。全米でも「デスマッチのカリスマ」として絶大な人気を誇る大仁田だが、数々の電流爆破マッチがいくら放映されようと、当時、血まみれ、傷まみれになっていた〝主役〟には一銭も入ってこないのが現実なのだ。

「結局、撮影した人間の権利になってしまった。俺の肖像権とか主張したら戦えることは戦えたんですけど…。（茨城氏は）うまい具合に自分で儲け口を探して、仕事中にＤＶＤを配送したりしていた。僕はそこまで頭が回らなかった」と回顧。

「いまだに（90年8月4日のターザン後藤さんとの史上初のノーロープ有刺鉄線電流爆破デスマッチの）『汐留レールシティの試合の映像を貸して下さい』と（オファーが）来るけど、茨城が持っていってしまっているからウチにはない。『貸せません』って…」と続けると、唇をかんだ。

一方、現在、レスラーのトークショー企画やグッズ販売を手がけ、プロレスの世界で活躍中の茨城氏は「大仁田さんは勘違いしている。ビデオは大仁田さんの許可を得た上で私が旧知の仲だった映像会社に依頼し、スタッフを入れて汐留始め7試合7本のビデオを作ったものです。制作費にジャケット制作費などを加えた1本あたり１００万強を私が支払って制作している。私の会社の許諾著作物なんです」とし「当時から売上げの10％はＦＭＷに入れていますし、仕事中に配送なんて、そんな時間もスペースもありません」と反論。「当時、本当にオカネのなかった会社をなんとか盛り立てようとして、ビデオも作った。大仁田さんが今、当時の映像を使いたいと言うなら、当時の制作費にこれまで保管してきた金額など上乗せした額を払っていただけるなら、いつでもお譲りしますよ」とはっきり口にした。

茨城氏らはミスター・ポーゴ、外国人ブッキング担当だったビクター・キニョネスらとともに大仁田ＦＭＷを離脱、新団体・Ｗ★ＩＮＧを創設したが、Ｗ★ＩＮＧプロモーション、世界格闘技連合に分裂した末に94年、消滅してしまう。

大仁田は「まあ、ＦＭＷは落ちこぼれが集まったような団体だったから大きな目で見ていたんだけど…。自分の体は使わないのに、カネだけ持って行く。そういうプロレスを食い物にするヤツらは確かにいたんです」と厳しい口調で話した。

「（全盛期は）ＦＭＷみんなで17億くらい稼ぎました。経費や選手のギャラを引いても利益が５億くらい。グッズで７０００万円くらい。確かに大仁田フィーバーの時の年収は1億8000万円だったけど、半分は団体に入れるようにしていた。CM収入だけで1億円近かった年もあったけど、それも団体存続のため。働いて働きまくって、血を流して戦いまくって、責められる。つまらないなって」と、ポツリとつぶやいた。

「茨城たちがW★INGを作った時も『行っちゃったものはしようがない』と思いました。行くなよと言っても行くでしょ。でも、結局、彼らは失敗した。失敗した人間がFMWを語っちゃいかんです」と語気を強めた。

「結局、俺の見る目がなかったのと、それどころじゃなかった。マッチメイカーとして試合を考えたり、外国人をブッキングしたりと目の回る忙しさだった。映像が儲かるなんてことが俺の頭の中になかった。それよりライブ、リングの上での試合が全てだった」と回顧し「カネじゃないんです。みんなで夢を追いかけていたんです、一丸となって。でも、カネが入って来ると、腐敗してくる」と説明した。

カネにまつわる〝黒いうわさ〟は96年、一レスラーとしての新生FMW復帰後もつきまとった。

ハヤブサ戦での2度目の引退時に「団体に引退興行の収益の内、3000万円が残るようにした。それに俺が生み出して作り上げてきた何もかも渡した。FMWを立ち上げる時に鉄工所の社長に作ってもらったリングも、創設したベルトも、すでにブランドとして確立されていたFMWという団体名称も、株も47%を渡した。その時の営業部長と昌ちゃんを呼んで、どちらか社長をやらないかと言ったら、営業部長が拒否して昌ちゃんがやると言った」

「俺は2度目の引退の時は現金で2億くらい持ってたんです。それを母親（巾江さん）に預けていた。友だちが倒産したって『3000万円、貸してくれ』って言ってきたから、テープを剥がして、貸した。そうしたら、そこから湯水の如く出ていった。一言だけ言っておきます。『開けちゃダメ、人にカネを貸しちゃダメです』。あのカネがあったら、俺はカムバックしなかったかも知れないです」と赤裸々に続けた。

いまだにプロレス界で流れる「復帰後の大仁田が莫大なギャラを要求したからFMWの経営が傾いた」といううわさについては、「俺がカネをむしり取ったみたいなこと言うけど、俺はカネに触ってないです。いくらもらっているかもカムバック後も全く知らなかったですから」と再度、「1試合出場するごとに30万円」という一契約選手に過ぎなかったことを強調した。

1年365日、大仁田に付き添っていたマンモス佐々木も「大仁田さんがカネを持ち出したとか、荒井さんに『おい、俺のギャラ持ってこいよ』なんて場面は一度も見たことがなかった。大仁田さんはいつもプロレスの話ばかりしていました。四六時中、『おい、佐々木、こうやったら面白いだろ?』とか」と証言する。

「大仁田さんって敏感な方で、自分のことを利用しようとする人間は分かるところがある。それは感じました。全日本(プロレス)を辞められた後、苦労したところがあるじゃないですか? いい時は人が寄ってくるけど、悪い時は人がいなくなるっていうのを大仁田さんは忘れていないんだと思う」と淡々と話した。

「俺はおこがましいけれど、猪木さんと似ているところがあるかも知れませんね。プロレスとして成立して、エンターテインメントに必要だと感じたら、出て行った人間でも面白ければ受け入れるっていうところがね…」と大仁田は自嘲気味につぶやいた。

しかし98年10月、大仁田をクーデターによって〝追放〟した新生ＦＭＷは坂道を転がるように業績を悪化させていってしまった。

そして、最大の悲劇が起こってしまう。

２００２年５月16日、東京・葛飾区の水元公園で１人の男性が自ら死を選んだ。ＦＭＷ社長・荒井氏の非業の死だった。

自死を選ぶ３か月前の２月15日にＦＭＷは２度の不渡りを出した末、負債総額３億円を抱えて倒産していた。荒井氏は経営トップとして、１人で様々な金融業者28社から多額の借金をしていたのだった。89年のＦＭＷ創設時から大仁田と二人三脚で団体を急成長させてきた荒井氏は95年５月５日の大仁田２度目の引退後、株式の47％を譲渡され、新社長となっていた。

98年10月、クーデターに近い形で自身を追放した際の中心人物について、大仁田は「昌ちゃんはいいヤツでしたよ。定食を半分に分けて食ったこともあったし、身を粉にして働いてくれた盟友だった」と振り返る。

「大仁田なしではＦＭＷは３か月で潰れる」というプロレス界の通説の中、新エース・ハヤブサを中心に金村キンタロー、田中正人らの新たなスター中心の闘いで踏ん張った新生ＦＭＷは大手レコード会社との５０００万円の契約金を元に新しい運営会社を設立したとされている。

大仁田が創設した初期のＦＭＷから運営会社ごと刷新した本当の意味での新会社となって以降、大仁田は「新生ＦＭＷ」とは倒産するまでの約３年の間、一切の関わりがなくなった。「新生ＦＭＷ」はさらに日本に進出してきたディレクＴＶ（当時）提供のテレビ放映権のもと、安定した経営を続けるかに見えた。

しかし、ディレクＴＶは業績不振に陥り放映権料も大幅ダウン。試合内容の迷走に加え、頼みのエース・ハヤブサが01年10月のマンモス佐々木戦で頸椎《けいつい》損傷の重傷を負い、無期限休養となってしまった。

この時期のＦＭＷの迷走を、団体を追放された〝アウトサイダー〟として見ていた大仁田は

大仁田が去った新生ＦＭＷでエースを担ったハヤブサ

「徐々にFMWが危ないとか耳に入ってきて…。訳の分からないエンタメ的なものにシフトして、冬木（弘道）選手とかが入ってきて、ごちゃごちゃしてきた。俺が辞めてからの末期には昌ちゃんに（ニセの）小便をかけたりするストーリーを作っていくわけじゃないですか？　それを見て愕然としました。それがエンターテインメントなのかって」

「主軸である営業部長も辞めてしまうわけじゃないですか？　内部的に大変だったんじゃないか。基本的にエンタメ路線が行き届かなくて、ハヤブサも焦ったのでは？　それが大けがにつながったんじゃないかな」と推測した。

大仁田の勧めに従い、FMWに残留したマンモス佐々木も荒井氏について、「周りには悩みを何も明かさなかった。すごく責任感が強い人で選手ファーストの人だった。僕ら若手には余計そうだったんじゃないですかね」と証言する。

そして、悲劇の瞬間がやってくる。「その日」について佐々木は「車を運転している時に『荒井さんが亡くなった』と連絡が来て、ただただ信じられないような感じで。いまだに思うのは死なないでほしかったなって…。荒井さんが社長でなくても戻れるような場所が後続団体で作れたらと思っていたので。それもかなわなくなっちゃったので」

静かな口調でそう話した。

荒井氏は死を選ぶ直前、「倒産！ＦＭＷ―カリスマ・インディー・プロレスはこうして潰滅した」と題したある種の〝暴露本〟を出版。そこにはヤミ金業者からの借金まみれの日々と、盟友だったはずの大仁田への〝告発〟も記されていた。

だが、大仁田は「俺が辞めた後、ＦＭＷの経営がボロボロになったことをみんな俺のせいにするけど、98年にＦＭＷを追い出されて以降、『新生ＦＭＷ』から一銭もお金を受け取ってません。『新生ＦＭＷ』は俺の創ったＦＭＷとは別会社が運営していた。俺とはなんの関係もない会社だった。携わりようもないんだよ」と声を荒げ、いまだに荒井氏の死の理由の一つとして自分の名前があがることについて、こう続けた。

「団体運営のために借金をしたのは『新生ＦＭＷ』の代表取締役社長の昌ちゃん。その昌ちゃんが借りた金をむさぼったヤツらがいた。断言するが、それは俺じゃない。新会社になっていたから俺にはカネを受け取る権利も何もない。３年間、まったくの無関係だった」と言い切った。

そして「昌ちゃんが精神的に追い詰められたのは確か。ある種、自分の人生が破滅したという感じだったのでは」と、悲しげな表情でつぶやいた。

「俺が殺したとか言うけど、本当に待てよと思う。何度でも言うけど、俺はまったく『新生ＦＭＷ』に関わっていない。保坂も、田中も、マンモスも辞めた。営業部長も辞めた。『新生ＦＭＷ』の内部で何かが起きていたのは確かだけど、それは俺には分からない」と訴えた。

「（02年の）参院議員の時も、ある人から『ＦＭＷにカネを貸している。返済してもらえないんだけど、どうなっているんだ？』と言われた。その人は俺の創ったＦＭＷはもうなくなっていて『新生ＦＭＷ』に関わっていないことを知らなかったから、俺に文句を言いに来たんだと思う。それを聞いてさ。昌ちゃんのことがすごく心配になって、後楽園ホールに行ったけど、金村キンタローとかに『出て行け！』って言われて。ただ、助けたかっただけなのに…」と沈んだ声で話すと「ＦＭＷの消滅はハヤブサがけがしただけじゃなく、いつの間にか原点を見失ったところがあると思う」と続けた。

「みんな原点を忘れるわけですよ。なんでプロレスをやっているかって、プロレスが好きだからじゃないか？　ＦＭＷを愛しているからじゃなかったのか？　それがカネのためになったり、人と比べて嫉妬したり、どんどん濁っていくわけですよ。確かに俺だって有頂天になったり、勘違いした時期もあったけどさ」と自身の経験も踏まえて言った。

そして「俺はこれまでずっと昌ちゃんの自死に関することを言葉にできずにいた」と、寂しげにつぶやいた。

「暴露本として話題にするためなのか分からないけど、昌ちゃんが書いたとされる本は過剰な批判だらけだし、世間は『本に書かれているから』と真偽を問わず信じるものだし…。悪口は特にね。何より俺は昌ちゃんが好きだから何も反論したくなかった。ショック過ぎて何も言いたくなかった」と続けると、「最近は言ったもん勝ちなところがあるじゃないですか。YouTubeなんかもあるしさ。クーデターのこともそうだし、FMWの内情にしても後になって、さも当事者のような顔をして話す。俺のこともそうだけど、俺のことを知らない人が、あいつはこうだと決めつけて語る」とポツリ。

「俺はただ、昌ちゃんや営業部長、ターザン（後藤）がいて、初期に入ってきたヤツらとカネがなくて苦労しながら過ごした時代、俺の創ったFMWを大事に思っているだけだよ」

この時ばかりは声を震わせて言うと、「昌ちゃんの言葉の中に『大仁田厚を論じた時に90％嫌いでも10％好きなところがあって、その10％が90％を全部、消してしまう』ってのがあって。そんな気持ちは最後まで持ってくれていたと思いたいし、（クーデターも）みんなを集めないと意見も言えなかったような昌ちゃんだから、俺を利用するって頭も最後までなかったんじゃないかな」――。

大仁田は最後に遠い目をして言った。

今明かす大仁田厚の真実⑦　雷神矢口

FMW追放後、大仁田が「大仁田厚プロレスリング」と銘打って開催した自主興行からタッグを組み、FMWEに移行した現在まで最も多くの電流爆破マッチを共に闘っている異色レスラー・雷神矢口は開口一番、「大仁田さんはFMWでインディーとして、メジャーに勝った唯一無二の存在です」と言う。

雷神矢口

ミュージシャン・矢口壹琅《いちろう》としても活躍中の188センチ、130キロの巨漢レスラーの「邪道」との出会いは米ボストンにあるバークリー音楽大ジャズ作曲科在学中、米ニューヨークの紀伊國屋書店で手にした1か月遅れのプロレス雑誌だった。

「インタビューで大仁田さんが『俺たちはマイナーじゃない。インディーだ！』って主張していて。当時、音楽界ではパンクとか現代ジャズとか、それぞれの独自性を出すインディーズがメジャーに勝ってしまった時代でした。それを日本のプロレスの世界で『インディー』って言葉一つで言い表している人がいる。『うわ〜っ、この人すごいな』と思ったんです」

幼少期から柔道、レスリング、サンボに励みプロレスラーになる夢と、ミュージシャンになる夢で頭がいっぱいだった矢口は28歳で帰国し、翌年、遅咲きのレスラーデビュー。大仁田の故郷・長崎での自主興行に初めて参加し、いきなりメインイベントでタッグを組むことになった。

「『大仁田さんがどうしても矢口と組みたがっている』と長崎までのチケットが送られてきて。試合直前に初めて会ったら、『会いたかったよ〜!』って、うれしそうに言われて…。持って生まれた明るさと親分肌を感じ取りました。変な言葉で言うと、〝人たらし〟だなって」

その後、「大仁田と最も多く電流爆破マッチを闘ったレスラー」となった矢口は「大仁田さんは今までに会ったことのないレスラーでした。自分が思うままに、感性のままにプロレスをやっているけど、それでオーディエンスを魅了してしまう。

肌感覚でミュージシャンに近い。話す言葉も『プロレスってこうじゃないといけないんだよ』って主張があった」と振り返る。

「大仁田さんは全日本プロレスのジュニア王者の頃から体の不調で引退して、人にだまされたりもして、何度も悔しい思いをしてきたと思う。でも、『悔しいな』で諦めないで、悔しいと思ったら勝つしかないって決意して立ち上がってきた人なんです」と説明すると、「一般常識的に言うと、ハンパ者とか、きちんとしてないとか、ダメな意味で使う『邪道』って言葉をいい大人が口にしているのはカッコ悪いかも知れないし、ウソつきとか、みんなに言われるけど…」と率直に口にした。

「それでも『生きるってことこそ大事』ってことを大仁田さんはリングに這いつくばって、あれだけのことを表現することで見せつけている。俺は大仁田さんの背中を見て、『いつまで悔しいって気持ちでいるんだよ!』って思ったりもするけど、そんな姿にこそ、ファンは感銘を受けるんだと思います」と熱く続けた。

「やられてもやられても立ち向かっていくのがプロレスでしょ。ネバーギブアップって。それが大仁田さんのインディーとしての原動力だし、プロレス。対世間とかを意識して物事に固執する考えとか、型にはめようとするものから逸脱しての生命力、行動力こそがインディーだと俺は思っていて…。絶対に批判されるだろう電流爆破も人がやっていないからこそあえてやる。それが大仁田さんをハードコアをやっている連中にとってのレジェンド中のレジェンドにしている」と語った矢口は「だから、大仁田さんは邪道じゃない、王道だと俺は思います」と断言した。

大仁田の7回に渡る引退、復帰についても「俺は5回くらいはその場に一緒にいましたけど…」と苦笑しつつ、「大仁田さんは毎回、本気で引退して、本気で復帰しているんです。ウソつきって言う人もいるけど、みんな人間でしょ。ウソついたことないのか？って、俺は言いたい」と訴えた。

「プライベートも政治の世界でもずっと大仁田さんと一緒にいたのは俺だけだと思う。大仁田さんの酸いも甘いも、いいところも悪いところも全部知っています」

そう笑顔で言った矢口は01年7月の参院選に初当選し、議員バッジを着けた大仁田を私設秘書として支え、現在でも大仁田の電流爆破マッチのパートナーのファースト・チョイス的存在だ。

「邪道」最強のタッグパートナーは最後に「確かに大仁田さんは自分のために生きている。でも、みんな、自分のために生きているわけでしょ。俺は大仁田さんの生き様を見て、俺も生きようって思うし」と真剣な表情で話すと、「何より大事なことは人の言うことなんて気にせずに『自分の人生を生きる』ってこと。それが大仁田さんに教わったことです」と柔和な笑みを浮かべた。

第4章　「大仁田劇場」開幕

狙うは長州の首一つ

「自分の人生を生きる」ことを常に目標にして前進し続ける「邪道」は98年10月のFMW追放劇の直前から自身のレスラーとしてのすべてをかけ、ある動きを水面下でスタートさせていた。

「そこまでやるとは思っていなかったけど、薄々、察知していた」というクーデター。大仁田はFMWの会議室で起こった追放劇について「カチンと来たし、コンチクショーって思いは確かにあったけどさ。その時、俺の中に意地が芽生えたんだよね」と振り返った。

「一時は、本当は解散しようとまで思っていたんだ。でも未練を捨てて、けじめをつけた。団体には見切りをつけた。これからは『大仁田厚』という1人のレスラーとして、光るだけ光ってやろうって。その時、決意したんだ」と続けると、「もう『新生FMW』とはおさらばだって。自分が太陽になれば、あいつらは陰になる。自分が成功者になって、おまえらを陰にしてやるってね」

これこそが「邪道」の本性なのか。目をギラリと光らせて言った。

そして、直後の98年11月1日・FMW小倉大会。リング上でマイクを持った大仁田は叫んだ。

「FMWを愛するファンに告ぐ。俺は全日本、新日本プロレスに行く。俺はおまえらの意気込みを全日本、新日本に持っていく！」――。

堂々のメジャー団体殴り込み宣言だったが、水面下では9月から自身の芸能面でのマネジャーだった覆面レスラー・不死鳥カラス（本名・石倉康晴）さんを通じて、新日のブッキングを司る永島勝司取締役との交渉をスタートさせていたのだ。

「申し訳ないけど、全日は最初から考えてなかった。師匠である馬場さんの受けのプロレスと猪木さんの攻めのプロレスは真反対だよね。全日出身の俺としては、反比例するものに立ち向かう方がより面白いと思った。（邪道流への）否定から始まるパワーってのがあるし、そのパワーでは新日の方が上だったんだよ」

新日に狙いを絞った理由を明かし、「ライバルは新日であり、俺を放逐した新生FMWだった。見返してやるって」と続けた。

ターゲットも決めた。

「狙うは長州の首一つ」――。

「革命戦士」として絶大な人気を誇っていたものの、その年の1・4東京ドーム大会で引退していた長州の名前を挙げたことについて、「一番、俺たちインディーの悪口を言っていたのが、長州だった。『あんなのプロレスじゃねえ！』ってね。あと、引退していたのも大きかった。現役とやっても、それで終わってしまうけど、引退した選手を引きずり出すのこそ面白いって」

そう、ニヤリと笑うと「長州は例えると、埋もれていた仏像みたいな存在だった。これを引っ張り出したら面白いって、俺の勘がささやいたんだよね」と明かした。

そして、98年11月18日、大仁田は新日の京都府立体育館大会の第5試合終了後、黒の革ジャンにブルージーンズ姿で登場した。

なぜ、京都だったのか。その理由を「殴り込む時は遠くに行かないとダメなんだよ。東京の後楽園ホールとかじゃダメなんだ。遠距離恋愛と一緒で労力をかけることで俺の意気込みが伝わると思ったんだ」と説明した。

リングアナウンサーの田中ケロさんからマイクを奪い取ると「俺は大仁田厚じゃ！　新日本プロレスにあいさつに参った。俺を（リングに）上げるのか？　ここで返答しろ」と絶叫。長州に果たし状を叩きつけた。

長州が果たし状を破り捨てた後は中西学、金本浩二、安田忠夫、飯塚高史、吉江豊、そして、番頭格の佐々木健介らが次々と乱入して、取り囲んだ大仁田をボコボコに。ボロボロにされた「邪道」は「長州！　狙うはおまえの首一つ！」と吐き捨てて会場を後にした。

「俺はたった1人で向こうは10人くらい。10人に勝てるわけないいし、予想をはるかに超えたアウェーもアウェーだった。（観客も）『帰れ！』、『死ね！』って缶ジュースとか投げてきて。でも、アウェーこそプロレスの醍醐味で、バッシングはプロレスラーにとって勲章だから」と26年後の今、阿鼻叫喚《あびきょうかん》の京都の乱を回顧。「もっと、もっと、アウェーにしてやるって。アウェーの空間にいるってことは実は自由でなんでも言えるってことなんだよ。もっと、あおらなきゃ。もっと怒らせなきゃって、それだけを考えていた」と話した。

ついに幕が開いた大仁田劇場。この後、00年7月30日、横浜アリーナでの長州戦まで1年8か月間に渡って続く「邪道」の集大成とも言える大冒険譚の始まりだった。

一方的に幕を開けた大仁田の新日侵攻。それに対し、「大仁田潰し」を目的に現場監督・長州力が差し向けた第一の刺客が新日のストロングスタイルの「強さ」を象徴、相手を叩きつぶすファイトスタイルで鳴らしていた佐々木健介(当時32歳)だった。

「大仁田嫌い」を公言していた佐々木との一戦決定の瞬間、「マッチメイクしたのは長州だろうし、『ああ、こう来たか』と思った。俺にとってはあくまで長州戦へのプロセスに過ぎなかったけど、自分の強いところをひたすら見せつける直線的なスタイルの佐々木健介は〝おいしい〟相手と捉えたんだ」と振り返る。

「でも、佐々木健介が出てきた瞬間、長州まで行けると確信した。直参だからね。

絶対、(長州も)引っ張り出せるって」とマッチメイカー的視点から確信した大仁田だったが、いざ、実現した一戦はアウェーというには、あまりにアウェーの闘いとなった。

舞台は申し分なかった。

99年1月4日、新日・東京ドーム大会の第5試合。6万2500人の大観衆が見つめる中、花道に現れた「邪道」は革ジャン姿で片手には黒く塗りつぶしたパイプいす。そして、口には1本のタバコをくわえていた。

「タバコはたまたま1本、ポケットに入っていただけ。その場のアドリブでくわえたんだ。ふてぶてしさを演出するには、これかな?って。その後、火気厳禁の東京ドームでタバコを吸ったって厳重注意を受けて、大変なことになったけどね」

火を付けたジッポのライターも不死鳥カラスさんの私物を「おまえ、いいライター持ってるな。ちょっと貸せよ」と、入場前に〝強奪〟したものだった。

完全アウェーの新日最大の舞台に、たった1人で乗り込んだ大仁田に観客は容赦なく「帰れ!」、「死ね!」という罵声とともにあらゆる物を投げつけた。

「確か、新日の会場は物を投げたお客さんは退場のはずなんだけど、なぜか俺の時は許されていた」

笑いながら振り返った大仁田自身も右足のリングシューズに、ある物を忍ばせていた。

「俺は最初の東京ドームで、シューズの中にナイフを入れて行った。何が起こるか分かりませんから。新日の信者からすると、俺は憎むべき存在。佐々木健介を刺しこそしなかったけど、彼に関してはいろいろ聞いていたし、何を仕掛けてくるか分かりませんから」と振り返ると、「佐々木健介は何をしでかすか分からない。ザ・シークがカール・ゴッチとやった時に言ったと語っていたセリフがあるでしょ。『おまえが俺の腕を折った瞬間、俺はおまえの喉をかき切る』って。そんな怖さを正直、感じていたんです」と明かした。

「観客がどういう反応をするかも分からなかった」との予測のもと、始まった一戦は大荒れの展開となった。

先に入場していた佐々木をパイプいすでメッタ打ち。佐々木もいすで殴り返す

佐々木健介との一戦は顔面への火炎噴射攻撃で反則負け（1999年1月4日・東京ドーム）

と、場外戦に発展。机の上へのパイルドライバーもさく裂させた大仁田だったが、佐々木はあくまで強さを見せつけるようにナックル、ラリアットで追い詰めた。

血まみれの攻防が展開された末、最後は血へドを吐いてコーナーに追い詰められた大仁田が佐々木の顔面に火炎噴射。山本小鉄レフェリーは即座に反則負けを宣告。試合時間はわずか5分55秒だった。

リング上で大荒れの大仁田は「おい！　新日本プロレスファンよ。よく聞けよ。新日本はこんなもので反則かい？　器量が小さいのお。これが俺の生き方じゃ！」と絶叫。この日一番のブーイングを浴びたが、血まみれ、汗まみれの「邪道」は秘かに手応えを感じ取っていた。

佐々木戦から25年経った今も「満足感はまったくなかった。リング上で叫んだ通りだよ。『新日はこんなので反則負けなのか！』って。でも、同時にリング上で冷静な俺もいて『そりゃ反則だろ』って」と、ニヤリと笑い「観客の反応を体で感じて、ある種の化学反応が爆発したと思った。邪道の俺1人、そして、それに対する大きなメジャー組織・新日本プロレスの対比が表現できた。佐々木健介だって、自分をカッコ良く強く見せるプロレスのスタイルを実現できたわけでしょ？　長州戦に前進できた俺とＷＩＮＷＩＮな試合だったと思うよ」と笑った。

ムタとの凡戦で〝一時閉幕〟

新日が次なる刺客として用意したのが、その名前を聞いた瞬間、大仁田が「おっ、長州という王将を守る飛車を出してきたな」と感じたという新日トップクラスのスター選手だった。

佐々木戦から3か月後の4月10日、東京ドームの大舞台で実現した次なる大一番。「マッチメイクに関しては、俺からは『誰とやりたい』という希望は出してない。現場監督の長州が決めていたんじゃないの？」というが、新日サイドが用意したのは「黒の総帥」蝶野正洋（当時35歳）だった。

首の大けがでの長期欠場明けとはいえ、言わずと知れた「闘魂三銃士」の一角。当時、「nWo　JAPAN」の総帥として一大ムーブメントを起こしていたメインイベンターが「ノーロープ有刺鉄線電流爆破デスマッチ」での一戦について「花火大会に出てやるよ！」と対戦受諾。新日史上初の電流爆破マッチのリングに足を踏み入れたのだった。

大仁田のギャラも破格だった。

「東京ドームで1試合1000万円。神宮で800万だったかな。地方大会が100万プラス交通費だったから法外だった」と回顧した「邪道」に多額のギャラを払っても十分、ペイできる大量動員に新日は成功。4月10日、6万3500人の大観衆を飲み込んだ東京ドームで「涙のカリスマ」対「黒のカリスマ」の世紀の一戦が実現したのだった。

佐々木戦同様、「邪道」革ジャンをはおり、花道でタバコをくゆらせた大仁田に対し、蝶野は軍用車のハマーで、葉巻をくわえて、ど派手に入場。観客の視線を一身に集めた。

佐々木戦に続く「タバコくゆらせ」については、こんな裏話もあった。

火気厳禁のドーム内での喫煙は歴史上、大仁田とローリング・ストーンズのキース・リチャーズの2人のみと言われる大胆過ぎる行動。当然、佐々木戦後、大問題になったものの、蝶野戦では、新日側が大きな灰皿を花道に用意。大仁田の落とす灰をキャッチする専任スタッフを用意することで、東京ドーム側を納得させた。

しかし、結果的には新日が用意した灰皿は使用されず、ニヤリと笑った大仁田は革ジャンのポケットに忍ばせた携帯灰皿を取り出すと、その中に律儀に灰を落としたのだった。

ハマーの蝶野に、タバコをくゆらせてニヤリの大仁田。

ネット上では「歴代最もかっこいい入場シーン」にも上げられる、この一幕について、「蝶野がハマーに乗って来て、まさにアメリカンプロレスとは思った。一方で蝶野はファッションとして決めてくると思ったから、俺はその辺の店で買った９８０円のタンクトップで行った」と振り返った。

「リッチとプアの対比を演出したかったんだよね。金持ちが好きな人もいれば、一所懸命、地べたを這いずり回って頑張っている人間が好きな人もいる。チープな装いの俺が一番でかい団体にケンカを売るという構図を演出したかった。ただ、計算というよりは、その場の思いつきだったけどね」とニヤリ。

試合は壮絶なものとなった。

開始3分後に電流が流れるように設定された有刺鉄線に頑強な防護ベストを身につけた蝶野が被弾。大仁田も2回被弾し、右腕を大きく切り裂いて大流血した後、最後は2人そろって有刺鉄線に突っ込み大爆発。ともにグロッギー状態となり、16分10秒、ダブルKOとなった。

大仁田のサンダーファイヤー・パワーボム、蝶野のSTFなど必殺技も決め合い、好勝負を展開した両雄。試合後、蝶野が大仁田に革ジャンを羽織らせ、ともに花道を退場することをうながせば、マイクを持った大仁田も「蝶野よ、ありがとよ！」と絶叫。互いの実力を認め合った一戦となった。

この一戦について25年後の今、「蝶野戦はあくまでプロセスだった。長州戦へのね」

そう冷静に回顧しつつ、「あのプロテクターみたいなのは『こっちはボロボロのタンクトップで行っているのに、何着けているんだ？』とは思ったけど、ハマーに乗って、カッコいい衣装を着て。蝶野選手はブランディングという部分で素晴らしかった」と、その〝スタイル〟を称賛。

「自分を際立たせる入場の表現というか。蝶野選手はスタイリッシュだったし、スマートだったよね。新日の中では独特の存在だったからさ。強さを見せつけるタイプではないと言うかさ」と称賛した。

そして、新日に「客を呼べる存在」と認識させることに成功した大仁田に4か月後に用意されたのが、もう1人の「闘魂三銃士」武藤敬司（当時35歳）の化身・グレート・ムタとの一戦だった。

8月28日、4万8000人の観衆が見守った真夏の夜の神宮球場でムタと大仁田の化身・グレート・ニタが「ノーロープ有刺鉄線バリケードマット時限装置付き電流地雷爆破ダブルヘルデスマッチ」で激突した。

ムタは特殊マスクを被って「メカニック・ムタ」として登場。ムタがリングに入った途端、ニタは鎌で襲いかかり、ムタが爆破を受けた。ムタもすかさずやり返し、ニタを爆破のエジキに。更に場外に落とすと地雷が爆発。試合開始から10分、今度は時限爆弾が爆発し、爆風を浴びたニタが戦意喪失。一気にムタのペースとなり、ニタから取り上げた鎌攻撃でとどめを刺し、13分21秒、ニタの爆死で試合終了。控室で大仁田はニタの〝葬式〟を行った。

観客を大いに沸かせた一戦だったが、25年後の今、「神宮の試合はイベントのような試合だった。（長州戦に向け）一歩は刻んでない。半歩進んだくらいの凡戦だった。不完全燃焼だった」と大仁田。

「ムタと武藤は違うよね。ムタは受けのレスラーじゃないし…。俺は（相手の技を）受けるレスラーだけど、ニタは大仁田と違うスタイルで予測不能な攻撃をするレスラー。まったく異質なものがぶつかったことでスイングしない試合に終わってしまった。ムタも、ニタもあまりパッとしなかったよね」

率直に続けると、「ムタ対ニタというキャラクター対決になってしまって、イベント的なものになってしまった。それじゃあ観客も熱狂しないよね。リング上でも客の熱の低さを感じたよ。新日と戦う相手はニタじゃダメだった。大仁田厚じゃないと、対新日本という構図が客からしても見えてこなかったんだよ」と、マッチメイカー的視点から振り返った。

その通り、新日サイドにも満を持して放ったはずだったムタVSニタ戦の〝しょっぱさ〟は伝わっていた。そのため、ムタ戦後11か月に渡って、大仁田は新日のリングに上がることはなく、「大仁田劇場」も〝一時閉幕〟に追い込まれる。

「ただ、新日もバカじゃないから仕切り直してくるとは思っていた。ムタ対ニタ

「大仁田劇場」に登場したが不完全燃焼な戦いに終わったグレート・ムタ

の凡戦はいい意味でも悪い意味でもリセットするチャンスだったんだよ」

そう振り返った大仁田は「俺もいら立ってはいたけど、反面、新日は料理するのに時間がかかる相手とは分かっていた」とも続けた。

その言葉の通り、あの超大物の思惑や予想外のキャラクターの登場のもと、翌年6月、大仁田劇場は「またぐなよ！」の名ゼリフや濡れたTシャツというアイテムをまとい、再び幕を上げることになる――。

歓声と怒号を浴びながら長州戦のリングへ向かう大仁田(2000年7月30日・横浜アリーナ)

今明かす大仁田厚の真実⑧　真鍋由・元アナウンサー

一時は消滅の危機もあった大仁田劇場を、その素の魅力で盛り上げ続けた〝陰の主役〟が今、四半世紀の沈黙を破り、ついに口を開いた。

1年8か月にわたって続いた〝プロレス版大河ドラマ〟大仁田劇場のもう1人の主役が当時、テレビ朝日入社7年目の真鍋由アナウンサーだったことは間違いない。

新日本プロレスに単身、殴り込みをかけた大仁田への最初のインタビューから蹴りを入れられ、平手打ちを食らう散々なスタート。その後もスーツを破られ、首を絞められ、2リットルペットボトルの水を顔面に浴びせられ――。

現在なら即「パワハラ」認定。地上波で放送するのもためらわれるような行為の数々を受けながら、毎回、目をぎらつかせ絶叫する「邪道」に涙目で食らいつき続け、99年4月10日の蝶野正洋戦では、ついに実況マイクの前に座るまでになった。

現在でもYouTubeなどでのプロレス関連動画の中で、トップクラスの再生率を誇る大仁田と真鍋さんの、本人たちは真剣そのものなのに思わず微笑んでしまうやり取りの数々。

それこそが真の「大仁田劇場」―。プロレスの魅力がぎっしりと詰まったキラーコンテンツに回を追うごとに成長していった。

事前の打ち合わせなど全くなし。すべてがその場のアドリブで展開された2人の問答。長州力戦前には大仁田が「安かスーツだけどな。これを着て実況してくれ！」と過去に胸ぐらをつかんで血まみれにしたスーツの償いか、新しい3万円のスーツを真鍋さんにプレゼントする場面も登場。

長州戦後には、担架で運ばれる、その口から「真鍋…、ありがとよ」の言葉も漏らした「邪道」にとっても、奇跡のような〝コラボ〟の日々だった。

真鍋さんとのファーストコンタクトについて、「最初から魅力があった。試合前に初めて取材陣の1人として見た時、たまたま目が合った。マスコミがワッといる中で1人だけ異質な人がいたんですよ」と振り返った後、「プロレスの記者って、それぞれにおいとクセがある中、それが全くない新人の普通な人がいるって…。完全な勘なんだけど、『この男しかいない』って思った」と続けた。

「『なんだ、こいつは？　こいつに絡んでみよう』と思ったんですよ。全部ライブですから。一言で言うと、ファンに近いイメージ。真鍋さんに話せば、『真鍋』というフィルターを通して画面の向こうのファンに伝わると思った」――。

そんな思惑を胸に秘めた大仁田にボコボコにされる真鍋さんを見たテレ朝のアナウンス部長は「ウチのアナウンサーになんてことをするんだ！」と激怒。当初は真鍋さんを引き上げ、辻義就（現よしなり）アナに一本化する動きまであった。

だが、蝶野戦が深夜2時からの放送にも関わらず、9・9％の驚異的な視聴率を記録するなど、〝数字〟が物を言った。

大仁田と真鍋さんのやり取りを「数字が獲れるコンテンツ」と認識した同局は2人がアドリブで展開する「大仁田劇場」をコーナー化。プロレス専門誌にも特集コーナーが設けられた。

計算外の〝真鍋人気〟は99年8月のグレート・ニタVSグレート・ムタ戦後、11か月にわたって停滞していた大仁田劇場自体を動かすパワーまで持っていた。

「真鍋さんがいなかったら、長州戦にはたどり着けなかった。真鍋さんが長州と結び付けた最大の功労者と思ってます。テレ朝だって、数字で動いたわけだから」と、率直につぶやいた大仁田。

確かに真鍋さんは長州戦の大一番を迎えた横浜アリーナでも場内に「大・真鍋コール」が起こるほどのプロレスの枠を超えた人気者に成長していた。

「あの世界は真鍋さんじゃなかったら表現できなかった」と振り返る大仁田だが、2人の関係はビジネスライクそのものだった。

「あの人とメシを食いに行ったこともなければ、お茶を飲んで話したこともなければ、なんにもないんですよ。（事前の）打ち合わせなんて何もない。無ですよ。あの（毎回の試合後）会見の場でしか会ったことがない」と明かした。

現在、テレ朝の広報部に勤務。各マスコミの同局への取材の窓口となっている真鍋さんは26年前の大仁田との初対面をこう振り返った。

「大仁田選手の新日本プロレス参戦が決まると、すぐに『ワールドプロレスリング』でインタビューに行くことが決まりました。ディレクターの海谷善之さんから告げられたのは『必ず白のワイシャツを着てきてくれ』という言葉でした」と、21年に58歳で亡くなった「ワールドプロレスリング」のエースディレクターだった海谷さんの名前を挙げた。

海谷さんはなぜ、白いワイシャツを指定したのか。

「理由を聞くと、『色物とか柄がついたシャツじゃダメなんだ。血の赤がはっきり分かるのは、やっぱり白いシャツなんだよ』と、ニヤリと笑いながら答えました」

その言葉に従い、大仁田の事務所に真っ白のワイシャツで赴いた。

「インタビューのため事務所を訪れると、大仁田選手が柔和な表情で迎えてくれたので、『そんな手荒なことはしないだろう』と少し安心したのを覚えています。ただ、話が進むうちに、言葉が熱を帯び、気付いたら座っていたスツールごと、吹っ飛ばされていました」と、強烈過ぎるファーストコンタクトを明かした。

そして、99年1・4東京ドームの大舞台での佐々木戦が終わった。

「東京ドームでの佐々木健介選手との試合が終わり、私は花道の奥で大仁田選手を待ち受けました。興奮状態で何かを叫びながら、こちらに向かって通路を進んでくる大仁田選手を見た瞬間、『これはヤバい』と思いました」と真鍋さん。

「私は隠れるように壁に張り付いて、『どうか、このまま私に気付かずに通り過ぎてくれ』と心の中で祈りました。しかし、その祈りもむなしく、一撃を食らった私はフロアに倒れ、驚きのあまりマイクを向けることすら忘れてしまいました。この時は、本気で『殺される』と思いました」――。

まさに修羅場だったが、ここから真鍋さんにとっての大仁田劇場が幕を開けた。

「そこから、大仁田選手を追いかける日々が始まりました。海谷さんからはインタビューが終わったら、お前はすぐに戻ってこい。余計な話はしなくていい。『どうも』も『お疲れ』もいらないと言われていました」と振り返る。

「試合会場だけでなく様々な場所で大仁田選手と対峙しましたが、カメラのないところでは話したこともありません。プライベートの会話は一切ありません。海谷さんの一番のこだわりが、そこにあったんだと思います」と大仁田劇場の〝助演俳優〟として、あくまで視聴率をにらんでのビジネスに徹した関係だったことを明かすと、「今、振り返っても、常に張り詰めた緊張感の中でのエキサイティングな日々でした」と振り返った。

00年7月30日。ついに実現した横浜アリーナでの長州戦で、大仁田の、真鍋さんの〝エキサイティング〞な「大仁田劇場」の日々は幕を閉じた。

ようやく長州戦にたどり着き、ファンの大歓声を浴びる大仁田。この一戦を実現させた陰の主役は間違いなく真鍋由アナウンサーだった

今明かす大仁田厚の真実⑨

蝶野正洋

大仁田劇場を実際に全身で体感。みずからも電流爆破のエジキになったトップレスラーは、あの一幕をどう思っているのか――。

大仁田自身が「あの試合はすべてがかみ合った大仁田劇場最高の試合だった」と言う一戦で、迎え撃った新日側はたった1人で乗り込んできた大仁田厚という存在を、果たして、どう見ていたのか。

蝶野正洋

「あの人のスマートさのおかげで大仁田劇場で一番、客を引きつける試合ができたんだ」

大仁田がそう振り返った99年4月10日の東京ドーム大会の第0試合。大仁田劇場第2幕で「涙のカリスマ」と対戦した「黒のカリスマ」蝶野正洋は6万2500人の大観衆が見つめた大一番を「俺の歴史の中でベストテンに入る試合」と振り返る。

前年の10月に首を故障。２か月前の札幌大会で復帰するまで４か月の長期欠場も経験していた。

「大仁田とやってくれないか？」

新日のブッキング担当・永島勝司取締役からのオファーは１・４東京ドームの大仁田―佐々木健介戦後にあったというが、「正直、やりたくなかったですね」と、まずつぶやいた。

「電流爆破という大仁田さんの（戦い方の）中に入らなきゃいけないわけじゃないですか？　どう考えても不利だし、やったこともないし。新日本のホームで敵のリングで戦うような形ですから」と言うと、「あと、大仁田さんと関わることをみんな避けてました、新日本の中で。大仁田さんは新日本のストロングスタイルの戦い方はしてこない。どうしても向こう寄りのスタイルに変えていかないといけなかったから」と説明した。

自身は欠場し、首のリハビリをしながら見届けた大仁田―健介戦の印象が鮮烈だった。

「試合を見て『健介、下手くそだなあ』と思ったんです。レスリングって危険性もあるけど、お客を喜ばせるエンターティンメント性があるべきなんで。そこら辺の融通性がないなと思って物足りないなって。もともと、健介にはそういう所がないですけど、リングに上がった以上は客をどれだけ楽しませるかがプロレスですから」

その上で「毛色の違う者同士がどう融合するのか。反発したって良くて、それがカラーになるんですけど、『俺なら、ちょっと違ったことができるよな』と思って見てました。まさか、自分に（出番が）回ってくると思ってなかったですから」と苦笑した。

「当時、首の故障で1試合1試合、次にしびれが出たら引退だって状況でリングに上がっていました。（長期欠場で）団体への恩義もあったから（出場を）決めましたけど、状態はベストの時の50％くらい。自分の中で余裕がない状況で、かなりの覚悟をしてリングに上がりました」と明かした。

この日のメインイベントには武藤敬司―ドン・フライのIWGPヘビー級王座

戦が決まっていた。

「他団体との交流戦は常にドーム大会の目玉になるんですけど、メインにはあくまでＩＷＧＰ戦が来なきゃいけないってのが自分の中であった。それと並べちゃいけないと。だから、『第０試合として組んでもらえるならやるよ』と最後まで抵抗はしました」という通り、新日マット史上初の電流爆破マッチはこの日の初戦として組まれた。

団体内の雰囲気が決して良くなかったからこそ、トップスターの一人として立ち上がった面もあった。

「猪木さんが介入している時期で（外部から）目玉選手がバーンと来て…。そこに（ファンの）視線は向きますから。それで（内部の）選手たちも困惑して、不満が出てきて、離脱が増えてきてしまった時期でした。そんな中で与えられたカードをいかにこなすかが、レスラーの仕事。だから、第０試合でどうやって盛り上げるかを考えました」

その結果、大観衆の前に「黒のカリスマ」は大型軍用車・ハマーに乗って登場。

「プロレス史上最もかっこいい入場シーン」に常にランクインする名場面が生まれた。

「大仁田さんがタバコを吸いながら入場されると分かっていました。電流爆破って向こうのエリアに飲み込まれて形になっちゃうから、食われちゃいけない。ここは何か、ぶつけなきゃいけねえなって思って」持ち込んだハマーだったが、誤算もあった。

「本当はもっとドームの周りから走っていこうと思ったけど、(東京ドームの規定で)ガソリンの量を何リッターまでしか入れちゃいけないってのがあって、走れる距離がステージまで行って戻るくらいしか入れられないってことで…。ステージ裏からガーッと走らせて降り立つことにしたんです」と苦笑した。

観客の熱狂はこの瞬間、頂点に達したが、蝶野の耳には大歓声は届いていなかった。

「とにかく(電流爆破は)爆発音がすごいって聞いていたんで、ヤバいなと思って耳栓を入れていたんですよ」と吐露。「リングに歩いている時も自分のテーマ曲も聞こえてなくて、水の中にいるような状況。不思議な感覚でした」

第0試合ということで、事前のリング・チェックもできなかったため、試合前には親しい邪道と外道に「有刺鉄線って、どうなんだよ?」と〝事前取材〟もした。

「『大したことないですよ』って言うんだけど、リングに上がる前にグルッと見たら、（有刺鉄線が）ものすごくトガっているんですよ。『話と違うじゃねえかよ』って思って」

「切ったら、みんな背中がずたずたになったりしてるじゃないですか。変なけがはしたくないから」と、妻のマルティーナさんがデザインした硬質ベストを上半身に着込んで試合に臨んだ。

「ゴングが鳴った後も心の中では有刺鉄線が怖くて、そっちばっかり見てました」

四半世紀を経た今、プロレス史に残る一戦について、「後から（着用した）ベストを見たら裂けてました。着けてなかったら、どうなったんだろうって」と振り返る。

ただ、戦う前から新日のトップ選手として一つの心構えがあった。

「新日本を中心にして見た時に当時はU（WF）系とFMW系って、右、左の両極端にあったんですけど、大仁田さんはそこを極めている人。だからこそ、新日本の中で警戒心はあった。デスマッチ系の大仁田さんにどう対処するのか、腕の見せ所だなってところはありました」

「自分の体調も不安材料でした。（首の故障からコンディションが）半分も戻っていない状態だったから」と言いながらも自身も堂々と被弾した。

「ドームでの電流爆破は思った以上に絵になりましたよね。でも、（被弾後は）リングの上で動けなくなりました。試合もほぼ覚えてないんです。耳栓もしているから、音がない世界で戦っている別世界という感じでした」と苦笑した。

大仁田戦を「自分の中で一番好きな入場だったし、もともと大仁田さんのスタイルは好きじゃなかったけど、プロ意識とか怖いものなしでぶつかってくる精神力はすごいなって、その後もタッグを組んだりして感じました。試合したことで分かり合えた部分があります」と回顧。

16分10秒間の戦いについて、「ものすごく緊張した覚えがあります。かなり気合も入ってましたし」と振り返ると、「メインはＩＷＧＰ戦であるべきだし、それで締めてもらう。でも、大会の中で一番インパクトの残せる試合はやろうと思ってました」ときっぱり。

「セミでもなんでも足跡を残そうとは自分の中で常に思ってましたし、客が自分の試合一つで１０００人単位で変わってくるようなドーム大会の中でも歴史に残る試合に携われたのは光栄です」と正直に話した。

そして、大仁田戦について「自分の中でも記憶に残るベストテンに入る試合です」と言い切った「黒のカリスマ」。

共に最後に電流爆破有刺鉄線に被弾。両者ＫＯで終わった一戦について「入場から２人が競い合った試合だったけど、俺は最後、どういう結果であれ、大仁田さんを連れて帰ろうと思ってました」と口にした言葉の通り、花道を下がっていく大仁田に蝶野が後ろから邪道ジャンパーを羽織らせるシーンがあった。

「あそこで大仁田さん１人を残したら、あそこでパフォーマンスして、大仁田劇場は終わらない。だから、俺は大仁田さんを一緒に連れて帰ると、決めてました。

そういう収め方をしないといけなかった」と明かした。

「大仁田さんは新日本の輪の中に入っていないわけじゃないですか？　新日本には必要がない大仁田さんの火を消すには、こっちの中に入れるしかないって。だから、（後にTEAM2000などの）タッグとか組んだんですが、大仁田さんの光を少しずつ、削いで行こうとは思っていました」と説明した。

1年8か月にわたって続いた大仁田劇場について「真鍋アナとの大仁田劇場とか、何が面白いんだと思って見ていたし、新日本の選手たちはみんな面白くなかった。所属選手ではない人間にメインストリートを歩かれるのは面白くない。それだけだと思います。（新日にはスター選手の）駒がそろっていたし、（所属選手で）盛り上げていきたいとも思ってましたから」と本音を漏らした。

ただ、決戦から四半世紀を経た今、「それまでは大仁田さんとは寄り添うものがないと思っていたけど、そうではなかった。根本にあるレスラー魂が理解できましたから」と明言。「新日本に1人で勝負に来た。それはすごいなと思いました」と、しみじみと続けた。

大仁田劇場について「自分は素直に感謝してます。会社の規模的にもケンカを売ってくる立場ではなかったと思うんです。自分もまさか大仁田さんとの絡みが出てくるとはまったく思ってなかったですから」と振り返る。

「10月に（首を）故障して2月に復帰しての、この試合。自分にとっても大切な注目カードでした」と続けると、大仁田戦について「いろいろ考えました。入場から試合の後の対処まで。そういう心理戦があって、体調が悪かった分を（考えることで）補おうとしました」と話した。

その上で、35歳で戦った四半世紀前の一戦について「俺の中で、その後の起爆剤になってます。レスラーは1試合で突然、変わってしまうんです。大仁田さんとの試合は（レスラー人生）後半の自分の分岐点になった試合でした」と言うと、「プレッシャーの中で一つの山を乗り切ったのが自信になった」とポツリ。

そんな蝶野自身はこれまで一度も「引退」という言葉を口にしていない。

「もう基本は引退してますけどね」と苦笑した「黒のカリスマ」は大仁田の繰り返してきた7度の引退、復帰について「大仁田さんや長州さんレベルはもう関係ない。

何回（引退）でもいいんじゃないですかね」と微笑みながら言う。

「本人の中ではもう限界と思っての引退。でも、ちょっと体を休めたらやりたくなってきた。またキツくなったから引退と。その気持ちは分かります」と話すと、

「レスラーって、ちょっと体を休めると痛みが引いてきて、そうしたら、もう1回、リングに戻りたいって気持ちはあります。俺も50代くらいの時、たまにありました」と正直に口にした。

「でも、俺の場合はまたリングに上がったら、今度は大きなケガをするだろうって。その恐怖心の方が強いですから。痛みが怖くなっちゃったらダメです。リングを1回降りると決めてからまた上がるのは思った以上に勇気がいることだと思います。辞めると決めて、そこからもう1回やる。大仁田さんの生き方は、俺は『あり』だと思います」

長年、体の故障とも戦ってきたトップレスラーは、そう言い切った。

ついに実現「山は動いた」

最高の一戦となった蝶野戦だったが、「凡戦だった」と大仁田が振り返った99年8月の神宮球場でのグレート・ニタVSグレート・ムタ戦から11か月にわたって「大仁田劇場」は中断を余儀なくされてしまう。

新日サイドが神宮決戦に〝しょっぱさ〟を感じたのも理由の一つだが、最大の障害が新日の創始者・アントニオ猪木さんの〝大仁田排除〟の意向だった。

この年の6月、新日の社長は坂口征二さんから藤波辰爾にバトンタッチしていたが、団体への最大の影響力を持ち続けていたのは、オーナーの猪木さんだった。

「そりゃ、営業の人間は集客力のある俺をリングに上げたいと思っていたと思うけど、『大仁田は危険だ。あいつに勝ち負けは関係ない。勝っても負けても会場（の視線）は大仁田に持っていかれてしまう。大仁田の持っている毒は俺たちのやってきたストロングスタイルの否定なんだ』って、猪木さんは会議で訴えたらしいよ」

実際、新団体「ＵＦＯ」を立ち上げ、小川直也と橋本真也の抗争を目玉にしようとしていた猪木さんにとって、負けても観客の視線を一身に集め、〝おいしいところ〟を、かっさらってしまう「邪道」は不愉快かつ邪魔な存在だった。

「当時の新日の営業責任者が猪木さんに『大仁田は客を呼べる。リングに上げましょう』って直訴したんだよ。そうしたら、猪木さんが『じゃあ、大仁田を上げようという人間は手を挙げろ！』って叫んで。結果的にその場で手を挙げたのは訴え出た1人だけだった。誰もついてこなかったって」と大仁田。

「新日がUインターとか相手によくやった手があるよね。使い捨てじゃないけど、長州に一歩一歩近づいてきた感じがムタ戦でブチッと切られた感じもしていた」

そう振り返った「邪道」は長期に渡る〝生殺し〟状態を打破すべく、動いた。

6月30日、新日・海老名大会の試合前のリングに乱入。現役選手にまじってトレーニング中だった現場監督であり、最大の標的の長州力に「対戦嘆願書」を手渡そうとしたのだった。

10人ほどの選手がいる中、つっかかってきた中に全日時代の後輩・越中詩郎がいた。

越中は「何しに来たんだ、コノヤロー！」と叫んで、つかみかかってきたが、大仁田は冷静そのものだった。

「おお、越中か。やっぱり新日に（移籍して）来てたんだって、その時初めて確認した。何か叫んでいたけど、全日時代も一番若い後輩だったし、『おまえ、全日本の合宿所で一緒に同じ釜のメシ食った仲だろ』って」

越中の絶叫を軽くスルーした大仁田に長州の口から今や、プロレス史上最も有名になった名ゼリフが投げかけられた。

「またぐなよ！」

試合前の練習を行っているリングを囲うフェンスをまたいで入ってくるなよ――の意味だったが、大仁田はこう感じていた。

「端的に長州は言葉にするのがうまいなあ」

「でも、またげねえだろって。こっちはたった1人で向こうは本気で殺気立っている10人以上。『またいだら、どうなるんだろう？』って素朴に思ったけど、俺も10人には勝てないよなあって」

「ただ、健康のためか、酒を抜くためか知らないけどさ。現場監督なのに現役とまじって汗を流している長州の姿を見て、これは長州戦、近づいてるなとは肌身で感じたよ」

そう振り返った通り、5か月後の11月12日、東京・後楽園ホールでの「大仁田興行」に今度は新日サイドの交渉窓口だった永島勝司取締役が汗で濡れたTシャツを手に現れた。

「これが長州のメッセージ代わりです」

そう口にした永島氏からTシャツを受け取った大仁田は「山は動いた」と中継していたテレビ朝日のカメラの前で宣言。

「おまえと戦うためにトレーニングをしているぞというメッセージと受け取った。あれは長州も知らない永島さん流のアドリブだったらしいけど」とも口にしたが、この一幕には多分に〝演出〟が含まれていた。

「新品のTシャツだったから、俺が水道水で濡らしたとか書いているものもあるけど、汗はついていたし、臭かったのは臭かった」とこの日の〝主役〟Tシャツについて明かした。

「でも、『あっ、長州が練習してるな』って目に見える絵が欲しいと思ったからさ。水道水で濡らして戻ってきて、Tシャツからしたたり落ちる汗っていうのは演出した」

そう続けてニヤリと笑うと、「長州と永島さんのタッグがやったことだと思うけど、俺はなかなかやるなあと思った」と笑った。

「これは今となっては憶測だけど、長州も新日の現場監督という立場に飽き飽きしていたし、自分の人気がどこまであるか知りたかったのかな？って。永島さんもこれ以上、新日にいてもしようがないって、2人にその辺の計算があったんじゃないかって」。

そう推測した通り、長州と永島氏は後に新日を離脱。共にWJプロレス創設に動くことになる。

だが、この日、濡れたTシャツとともに膠着状態だった「大仁田劇場」が一気に動き出したのは事実だった。

そして、「待てば海路の日和ありだよ。やっと、こぎ着けたなって」と振り返った「大仁田劇場」最大のクライマックス・長州戦が真夏の横浜で、ついに実現した。00年7月30日、1万8000人を超える観客を飲み込んだ横浜アリーナで迎えた長州との電流爆破マッチだったが、たった1人で乗り込んできた大仁田相手に新日サイドは、この一戦の実現まで揺れに揺れていた。

最後まで反対していた新日・藤波辰爾社長は事前会見出席を拒否も、「ここまで来たらやらせるしかない」と黙認。一方で創始者の猪木氏は試合を強行した場合の長州追放まで示唆して試合を潰そうとした。

そのため、横浜アリーナ大会は本来の営業部ではなく、新設したばかりのソフト事業部の主催に。大仁田が「武藤も蝶野も出ないから、アンダーカードは本当にしょぼかった」と漏らした通り、出場選手も長州一派のみだった。

ただ、この試合への注目度は高く、新日では初めてスカイパーフェクTV（現スカパー！）による日本初のPPVを実施し生中継される歴史的一戦に。1万円のチケットがダフ屋価格で47万円まで高騰した。

大仁田はリングに上がる前の気持ちをこう表現した。

「長州さんをリングに上げることが俺の中の勝ち負けのすべてだった。インディーを全否定した長州さんにインディー魂すべてをぶつけるしかないと思った。まあ、一方的に攻撃してくるだろうなとは思っていたけど」

その言葉通り、試合は長州が一方的に攻め続ける展開となった。

「ゴング前に長州さんがTシャツを脱いだ瞬間、『こいつ、（電流爆破に）当たる気がねえな』って思った。そこが天龍さんとの違い。新日と全日本プロレスとの大きな違いとまで思った」

94年5月5日の自身との電流爆破マッチで頭から有刺鉄線に突っ込んでいった天龍さんとの比較まで口にした。

ゴング後も大仁田のTシャツの襟首をつかんで首を絞め、制止しようとするタイガー服部レフェリーをキックで蹴散らした長州。ボディースラムで抱え上げられ、被弾させられた。

その瞬間を「真っ逆さまの状態で当てられた。あの角度でぶつけられたことがな

ついに長州力が現役復帰し、大仁田との電流爆破マッチのリングに上がった

かったから指の2、3本取れていてもおかしくなかった。指があった時、電流爆破の神様っているんだなと思いました」と振り返ったが、その腕は有刺鉄線に完全に巻き付いて大流血してしまった。

さらにストンピング、ナックルと痛めつけられたが、急所打ちで反撃。DDOを決め、ヘッドロックした長州とともに有刺鉄線に突っ込もうとするが、たくみにかわされ、自分だけ被弾してしまう。

さらにブレーンバスターからサソリ固め、リキラリアットの連発。5度にわたる被弾に最後はリング中央で半失神状態となり、完璧なサソリ固めを決められたが、意地でギブアップだけはせず。服部レフェリーが試合を止めたのだった。

試合時間は7分46秒。レフェリーストップによる敗北となったが、試合後、「大仁田なんて、なんの価値もない男」とまで言い切っていた長州に「大仁田の勝ちだよ。あいつの執念に負け

一度も電流爆破に当たらなかった長州力に叩きのめされたものの、「あいつの執念に負けた」と言わしめた一戦だった

た」とまで言わせたことで、「本当の勝者は大仁田」という声も上がった。

しかし、24年前の試合後、「リングに上がってくれたことには感謝するけど、一度も電流爆破に当たらなかったのは、あの人だけだし、気に入らない。俺はあの人とメシを食いたいとは思わないし、男同士で語り合おうとは思わない」と吐き捨てて話題になった「邪道」は四半世紀を経た今も、こう言う。

「(電流爆破に)当てられなかったことを自分も反省している。でも、長州さんは(有刺鉄線の)近くに寄らなかったよね。リングの真ん中でばかりやっていた。半分、意識がない中で、あの人が試合後の電流が流れていない、ただの有刺鉄線にちょっともたれかかったのが見えて、がっかりした。男と男が戦ってるんだからさって。俺だけ5回当たったのにさって」

「チキンとまでは言わないけど、電流爆破に関しては長州さんをあまり評価してないです」

そう言い切ると「長州さんは『強い長州が甦《よみがえ》った』というのを表現したかったんだと思う。あくまで強い俺、被弾しない俺を見せつける。猪木さんが(ハルク・)

ホーガン戦でリング下に落ちて舌を出したような弱さも見せるような芸当ができない人だから。そんなプロレスだけしているから（後に創設した）WJ（プロレス）は潰れたんだと思うよ」と厳しい口調で続けた。

さらに現在、72歳を超える先輩レスラーについて、「今の長州さんは俺が追いかけていた長州さんとはまったく違う。いつまでも、あの長州さんでいて欲しかったな。昔、プロレスラーがバラエティ番組に出演することを批判した長州さんが今、テレビで好々爺を演じて出ている。俺の対戦した相手とはまるで別人みたいだと感じるよ」と言い切った。

自身の戦いについては「試合後に担架で運ばれる時に真鍋（由アナウンサー）さんに言った『ありがとよ…』がすべてだよ」とポツリ。

「俺は1年8か月、潰されてなるものかって思い続けてきた。新日本相手に俺は生き方の違いやプロレスのスタイルの違いを表現したかったんだ」

そう続けると「俺は技がすごい選手でも、大きな選手でもないけどさ。諦めない心の強さでは誰にも負けないと思っているよ。這いつくばっても歯を食いしばって進み続けるし、倒されても立ち上がる。そんな生き方が俺のプロレスだし、お客さんにも伝わったと思う。現に、あんなに大勢の新日本ファンの中、少数の俺のファンが応援のために飛び込んでくれた。客席でケンカになったり、新日本のファンに殴られて怖かったって話も聞いた。それでもファンも諦めずに駆けつけてくれた。ありがたいよ」

1年8か月にわたった大仁田劇場を振り返った「邪道」はこうつぶやいた。「諦めちゃいけないってことが伝えられた時間だった。全力投球で駆け抜けたから、長州戦が終わった後は、まったくの白紙だった」——。

今明かす大仁田厚の真実⑩　不死鳥カラスさん

不死鳥カラスさん

客観的に見た大仁田劇場とは一体、なんだったのか？

「あの戦いの勝者は大仁田さんです」

大仁田劇場の舞台裏を常に伴走、すべてを目撃していた元覆面レスラー・不死鳥カラスさんは、きっぱりと言い切る。

97年に大仁田の芸能面のマネジャーに就任。大仁田の参院選出馬と同時に身を引くまで1年365日のほぼすべてを「邪道」とともに過ごした懐刀だ。

一ファンとして見に行った90年8月4日のFMWレールシティ汐留大会での大仁田VSターザン後藤のノーロープ有刺鉄線電流爆破マッチが人生を変えた。

もともと大のアントニオ猪木ファンだったが、大仁田の壮絶な試合を見た瞬間、

「心を持って行かれた」と明かす。

「試合も壮絶だったけど、大仁田さんの一生懸命さが表情から伝わってきた。大仁田さんのプロレスへの思いは猪木さんに一番近いと感じて、あの人と話したいと思ったんです」と34年前の出会いを振り返った。

当時、専門学校に通いながらアルバイトをしていたが、FMWのグッズ売り場に潜り込み、いつの間にか大仁田を自身の車に乗せて試合会場まで送るように。そんな日々を過ごすうちに大仁田に「おまえ、ウチの会社に入って、マネジャーになれよ」と声をかけられ、芸能活動のマネージメントを手がけるようになった。

96年、大仁田のNHK大河ドラマ「秀吉」への蜂須賀小六役での出演、99年、東京・駿台学園高定時制に入学した際のワイドショーへの働きかけなど様々な仕掛けを手がけて成功した後、「大仁田さんはすっかり芸能1本でやっていくと思っていた」と思ったカラスさんはマネジャー業を後進に託し、親族の体調不良もあったため、一時、大仁田の元を離れた。

そんな元マネジャーに98年10月、クーデター劇でFMWを追放された大仁田から突然、電話がかかってきた。

「俺さ。1人になっちゃったんだよ…」

寂しげなつぶやきに続いた言葉がカラスさんを驚がくさせた。

「俺、これから新日に乗り込むからさ。京都で乱入するから見とけ！」

驚いたカラスさんは大仁田の自宅に駆けつけ、徹夜で話し込んだ。その場で「おまえ、戻ってきてくれないか？　東京ドームに一緒に来てくれないか？」と依頼され、承諾した。

大仁田は既に革ジャンに青のジーパンで乗り込むコンセプトまで決めていた。カラスさんも入場時に手にするパイプいすを黒く塗りつぶすことと革ジャンに「邪道」の文字を刻み、ジーパンに蛇の絵柄を入れる演出を提案し、採用された。

99年1・4東京ドームでの佐々木健介戦の花道でタバコをくわえた大仁田が客席に投げ込んだジッポもカラスさんの私物。「結構、大事にしていた物だったけど戻って来なかったです。あれはひどい…」と、その時だけは嘆いた。

大仁田劇場初戦から「潰されちゃうんじゃないか？　健介に完全に潰されると思

ってました」と心底、心配したが、佐々木の顔面への火炎噴射で反則負けを喫し、ボロボロで戻ってきた「邪道」は笑顔で「どうだった？ カッコ良かったか？」とだけ聞いてきた。

『最高でした！』と答えたけど、その時、『この余裕、すげえな』と思いました。たった1人で新日のリングに乗り込んだ後ですからね」とカラスさん。

その後、蝶野正洋戦、グレート・ムタ戦、そして、最終決戦の長州力戦と、1年8か月にわたった「大仁田劇場」を時にはリングサイドで、時には花道の下で大型灰皿を構え、大仁田が落としたタバコの灰を拾いながら見守った。

「マッチメイクも大仁田さんと（新日のブッキング担当の）永島（勝司）さんが全部、決めていました。俺はマネジャーとして、永島さんのところに行って、ギャラの金額を決めるだけでした」と回顧。

たった1人でのトップ団体・新日との戦いを「結局、大仁田さんを一度、リングに上げてしまったら終わりなんです。新日が引っ込みがつかない状態、逃げられない状態に大仁田さんがしていった。やりたい放題やっただけですよ。負けても

『次は誰だ!?』ってやるわけですから。長州が出てくるまでやめないわけですから」と振り返った。

「試合の勝ち負けじゃなくて、結局、大仁田さんの存在感が凌駕《りょうが》してしまった。最終的に大仁田さんの勝ちでしょ。だって、（98年5月5日の）2度目の引退がピークだと思っていたら、大仁田劇場でプロレスラーとしての最大のピークをもう一度、作り上げてしまったわけですから」

そう振り返ると、「大仁田劇場の1年8か月、俺は誰よりも近くで楽しんで見ていただけです。本当のことを言うと、試合結果も2試合くらい負けたのかどうか記憶がないくらい。本当に面白かったですよ」と満面の笑みを浮かべた。

「だって、リングの中だけじゃなくて、真鍋さん（とのやり取り）のこともなんの計算もなくてやって、笑いも起きて。大仁田さんは大仁田劇場を通じて、リングの中の闘いだけじゃなくて、全部を含めて、精一杯、プロレスラーしたんじゃないですか？　色々言う人間はいるかも知れないけど、やっぱり、すごいですよ」と称賛した。

カラスさん自身はマネジャーから1950年創業の東京・浅草の製麺所「浅草開化楼」で製麺師に転身。現在では、全国の人気ラーメン店に自身の作った麺が引っ張りだこ状態の日本一の製麺師となり、各マスコミにも数多く取り上げられる立場になった。

大仁田とは一回り年齢が違う〝弟分〟は「邪道」に受けた大きな影響を全く隠さない。

「自分の人生も大仁田さんの側にいた人間として、世間に負けるわけにはいかないと思って、やってきました。俺は俺で大仁田さんの〝弟〟として頑張っているって言いたい」と言い切ると、「自分が作る麺が今、なぜ成功しているか、はっきりと分かります。大仁田さんがゼロからのし上がる姿を見て、どうやったらのし上がれるかを俺が知っているからです。どうやったら成功するか分かってます。大仁田さんのようにとりあえず大ボラを吹いて、言ったらやるで、有言実行すればいいだけなんです」と胸を張って続けた。

7度の引退、復帰を繰り返してきた、その生き方も肯定している。

「今も心酔して、熱狂しているファンがいる。それがすべての答えじゃないですか？　大仁田さんに自分の人生を乗っけている人だっているでしょ」と、大仁田劇場を二人三脚で乗り切った〝懐刀〟はきっぱりと言い切った。

41歳の高校生が明大合格

大仁田はプロレスラー人生最大のピークだったとも言える新日侵攻の裏側で、自身の人生にとって、とても大切なもう一つのステップを踏みつつあった。

そこにあったのは、拭いがたい一つのコンプレックスだった。

「履歴書を書くとさ。学歴の欄がたった2行で終わっちゃうんだよね」

高校を入学3日で中退しているため、大仁田の最終学歴は1999年まで「中卒」だった。

左膝蓋骨粉砕骨折による全日本プロレス退団、1度目の引退後も一般企業20社以上の面接を受けたが、そのたびに「学歴・小学校、中学校卒業」の2行しか書いていない履歴書をじっと見られ、「あ〜、中学しか出てないんですね」という屈辱的な言葉も投げかけられた。

FMWを立ち上げ、プロレス界のスターとなったことで封印していた悔しさ――。

そんなナイーブな部分を、40歳を過ぎた頃に講演会で訪れたある学校で大きく揺さぶられた。

それは1人の生徒から投げかけられた、こんな言葉だった。

「大仁田さんって高校に行ってないんですね」

いつもなら笑って受け流せた言葉が、その時だけはスルーできなかった。

「普通なら受け流せたのにダメだった。その瞬間、俺の中に学歴に対するコンプレックスが芽生えたんだと思う。『学歴なんかいらねえ』って思っていた心の蓋がパカッと開いたんです」

そこからはエネルギッシュに動いた。レスラーと芸能活動の二足のわらじの傍ら、18歳年下の弟で当時、上智大の現役学生だった松原孝明さんの家庭教師を受け、必死で英語、国語、数学の3教科を勉強した。

そして、99年3月、東京・駿台学園高定時制に合格。「何点取れたか分からないけど、とにかくギリギリだったと思うよ」という点数での入学だった。

それでも「1回目のテストなんて、全然分からなかった。大変でした」という状況の中、試合後の東京・後楽園ホールから、出演時代劇の撮影を終えた京都・太秦の撮影所から、〝41歳の高校生〟は高校に通い続けた。

「先生も最初は冷やかしと思っていたのか冷たかったけど、一生懸命通っているうちに雰囲気が変わって応援してくれるようになった。最初は中の下の成績だったけど、テストは必ず受けるようにしていたら、コツも覚えてきてさ。弟の家庭教師も良かったのか成績も上がった」

16歳でレスラーデビューしたため、まったく未経験だった高校生活も味わえた。

「友だちもできて、学校の後にカラオケやご飯に行ったね。沖縄への修学旅行も

駿台学園高の入学式で同級生と肩を組む41歳の大仁田（1999年4月）

行った。10人くらいの雑魚寝の部屋で将来の話やバカ話をして盛り上がった。枕投げもやったなあ」と、遠い目をして回顧した。

「周りのみんなが大学に行くって言うから大きな影響を受けてさ」

そう振り返った通り、さらなる向学心、大学進学への思いが芽生えた。

高校を卒業した00年4月、自宅マンションのある千葉・浦安市にキャンパスを持つ明海大経済学部に入学も「家のそばなら通いやすいと思ったけど、プロレスにしろ、芸能の仕事にしろ、場所はほとんど東京だったから、とても通えなかった」という〝誤算〟もあって1年で中退した。

そして、「東京六大学への憧れがあった。早稲田か明治か、どちらかかなって」という志望動機から01年4月、明治大学政治経済学部経済学科の夜間部の入試にチャレンジし、合格。東京・駿河台のキャンパスに通う日々がスタートした。

その年の7月には参院選比例代表で46万票を獲得し、参院議員となっていた。

「朝9時には赤坂の議員宿舎から国会に登院しなきゃいけなかったし、その後に明大に通うのは本当に大変だった。5、6年かけて卒業すればいいかなと最初は思っていた」と青写真を描いていた。

「国会からキャンパスにスーツで行くと学生になじめないと思ったから、車の中で必ず着替えるようにした。ジーパンにTシャツとかね。ただ、いつも時間がなくて、ギリギリだったから、1コマ90分の授業を1日2コマくらいしか受けられなかったんだよね」と言う通り、目の回るような学生生活だった。

「ゼミも取ったし、なんとか152単位、全部取って4年で卒業できた」

半ばフラフラになりながらの学生生活について、「有名人ゆえの忖度《そんたく》も

明大の夜間部に合格し、議員との"二足のわらじ"で目の回る忙しさだったが、4年で卒業した

あったのでは?」という心ない一部報道もあったが、「大学だってバカじゃないから さ。ある准教授が会議で俺が議題に上った時に言ってくれたんだよ。『彼はちゃんと授業を受けている。僕らは忖度しているわけではない』ってさ。本当にありがたかったよ」

当時、参院議員・大仁田の私設秘書として働いていた雷神矢口も「大仁田さんは議員としての朝の勉強会の後の空いた時間とかをやり繰りして一生懸命、キャンパスに通っていました。どうしても行けない時だけ僕が明大に行って、18とか19歳の学生と友だちになったりした。いざ、大仁田さんが困った時に助けてもらうことが目的でした」と証言。

「でも、大仁田さんはそういうかなり年下の学生とも『どーもー、大仁田です』って言って、すぐ仲良くなっちゃう。さすが、人たらしだなあとは思いました」と笑顔で振り返った。

今では堂々、履歴書に「最終学歴・明大政経学部卒業」と書けるようになった。「明大を卒業できたことは誇らしいし、自分の中の学歴によるコンプレックスを消せた」と胸を張り「高校生活も大学生活も俺にとって、遅れてきた青春だった」と、遠い目をして振り返った。

人生上の大きなコンプレックスを一つ払拭した大仁田だったが、同時に幕を開けていたのが、もう一つの大冒険。6年に及ぶ参院議員生活だった。

第5章　政界進出と挫折

参院選出馬、46万票獲得

真夏の横浜での「大仁田劇場」最終章の長州力戦からちょうど1年。大仁田が次なる「戦場」として選んだのが政治の世界だった。

1年8か月に及んだ新日への単身殴り込みで、そのレスラーとしての知名度はピークに。NHK大河ドラマ「秀吉」に蜂須賀小六役で出演するなど、タレントとしても既に全国区の知名度を誇っていた。

芸能面のマネジャーを務めていた不死鳥カラスさんは「プロレスラーとして大仁田劇場で2度目のピークを迎え、芸能活動も順調。あの時点で、大仁田さんはどこ（の政党）から出ても受かる感じになっていました」と振り返る。

各政党は01年7月の第19回参院選に向け、比例区で浮動票を稼げる目玉候補擁立に奔走していた。

選挙半年前、最初に声をかけてきたのは、小沢一郎氏率いる自由党だった。「『小沢一郎に会え』って言われて会って話を聞いたけど、それだけだよ」

そう振り返ったが、一転、自民党からの出馬となったため、自由党幹部から裏切り者呼ばわりされる一幕もあった。

「『ポスターまで用意したのに』とか言ってきたけど、俺は小沢さんに会っただけで（ポスターの）写真も撮ってないんだよ。その時、政界って汚ねえなって思った」と苦笑した。

そして、選挙2か月前、「知り合いの知り合いだった」という鳩山邦夫氏（16年死去、享年67）の仲介で自民党幹事長だった山崎拓氏と会った。

「柔道の有段者だった山崎さんに初対面で『柔道は本物だけど、プロレスは八百長だろう』と言われたけど、そこは我慢した。ボスは小泉（純一郎）さん。別に山崎さんについていくわけじゃないからさ」と回顧した状況の中、1か月後には自民党からの公認が出た。

「公認証をもらった時、周囲の人から聞いたんだけどさ。山崎さんが口にしたって言う『知り合いのコンパニオン10人に聞いたら、9人が大仁田はいいって言ったから』って公認の理由を聞かされた時は笑ったな。その場で『女性問題は困るからな』って釘も刺されたけど、その1年後に、あの人、女性問題で失脚したよね。あなたにだけは言われたくなかったよって思った」と苦笑した。

自民党からの出馬を決めたのには理由があった。

「小泉さんが輝いて見えていたんだ。『自民党をぶっ壊す』って。言葉の力がすごかった。俺も小泉さんについていって日本を変えたい。自分の中でがむしゃらにやってやるって気になったんだよね」

「小泉チルドレン」としての参院選比例区からの出馬。決断の裏に、その「言葉力」に惹かれた点を明かしたが、内心、同氏の「劇場型政治」を冷静に見つめる自分もいた。

当選から23年を経た今、「『郵政民営化！』しか言わない小泉政権はまさにプロレスだった。小泉さんは絶対、自分を悪役には置かない。あれこそプロレス。予算委員会でも起きてるか寝てるか分からないのに、パッと起きた瞬間に『人生いろいろ！』とか、すごいフレーズを口にする。確かにいろんな考え方、やり方があるってのを、小泉さんは分かってたんですよ」と分析した。

「首相官邸に呼ばれて、カレーライスをご馳走になった時、小泉さんが同席した若手議員に向けて『俺は支持率なんて気にしないんだ。半分の50％あればいいんだよ』って言ったこともあった」とも振り返った。

そして、「一つだけ言っておきたいんだけど…」と、今も自身にくすぶる鳩山氏への「借金問題」について初めて口を開いた。

「ネットでよく『鳩山邦夫さんへの2000万円の借金を返せ』とか、いまだに書き込みがあるけどさ。ちょっと待ってくれよって」

そう真剣な表情でつぶやくと、出馬時の選挙資金について「自民党が選挙資金に1500万くれて、（所属派閥の）宏池会が600万くれて。自分の手持ちのカネも1500万つぎ込んで。4つくらいあったCMの違約金4000万円を払った。1企業1000万円の契約していたけど、1年間の分、全額払わなきゃいけなかった」とまず説明。

その上で「そんな状況だったけど、鳩山事務所のスタッフから投開票日1週間前になって事前調査で当選確実と言われたにも関わらず、『オカネが足りない。20

００万円借りてくれ』って銀行も指定された。鳩山さんの親族の保証のもと借りたのが２０００万円。そのカネを俺は見たこともないし、どう使われたのかも分からない。その点はいまだに腑《ふ》に落ちないんだよ」と続けると「俺の名義で借りたのは事実だけど、鳩山さんの親族からは『処理するから気にしなくていい』と言われたし、確かにすべての処理は終わっているんだよ」

と、23年後の今、明かした。

そんな政治の世界の不可思議

2001年7月の参院選で当選し、鳩山邦夫氏㊧らと笑顔で「ファイヤー！」ポーズ

さに心中、疑問を持ちながらも「北海道から九州までほぼ全部回った」という選挙戦の末、比例名簿3位で46万票を獲得して当選。後見人となった鳩山氏とともに「ファイヤー！」を叫んだ大仁田だったが、初登院で同期当選の議員に言われた言葉があった。

「真面目なふりをしろ。静かにしていろ。目立ち過ぎるな」

そして、その言葉はすぐに悪い意味で証明されていく。

「がむしゃらにやってやる！」という思いで永田町に乗り込んだ43歳だったが、議員バッジを胸に大暴れを誓った男に永田町の風は妙に冷たかった。

スポーツ畑出身議員の多くが振り分けられる文教科学委員会に所属。まずは現在でもライフワークとする「いじめ問題」に取り組もうという決意のもと、複数のいじめ自殺の現場を視察。遺族のヒアリングなども行ったが、学校側は情報をシャットアウト。文科省の動きも鈍かった。

「同期当選の議員が『偉くならないと何もできないよ』って言ってきたけど、その言葉の通りだった。1年生議員の言うことなんかに官僚も耳を貸さないわけですよ。いじめ対策をヒアリングしようとしても『なんで、大仁田に呼びつけられなきゃいけないんだ』って不満が見え見えで……。プロレスラー出身ということにも大きな偏見があった」

「猪木さんもそうだったと思うけど、大仁田さんの議員生活は常に戦いだったと思う」

参議院議員の初仕事として、災害支援ボランティア団体「災害救助隊"大地"」の立ち上げを発表した(2001年8月23日)

そう振り返ったのは、参院議員時代の6年間、私設秘書として常に側近的立場だった雷神矢口だった。

「結局、プロレスラーだからってバカにされるんです。もっと言うと、参院の1年生議員なんて何もできない。発言の時間だって、そんなに与えられない。それが現実でした」と一番そばで見つめていた立場から指摘し「夢を一度口にしたらやる、必ず実現するってことを大切にして生きてきた大仁田さんからしたら、もどかしい日々だったと思う」と説明。

「結局、プロレスラーがやってんだろって見られる。（社会人入試で入学していた）明大にも議員としての朝の活動を終えてから本当に一生懸命、駿河台まで通ってましたから。あれは永田町で感じた悔しさの裏返しもあったと思います」と分析した。

「プロレスラーがやってんだろ」の偏見が最も如実に表れたのが、03年7月、参院外交防衛委員会でのイラク特措法採決での自由党・森裕子議員との〝乱闘劇〟だった。

今でもネット上に多くの映像が残るその一幕について、こう振り返る。

「俺は国対委員長に『(外交委の)委員長を守って(裁決後)車まで送ってくれ』と言われたから、その言葉に従っただけ。上から命令されたら絶対だしさ」と明かした後、「世間一般には俺が暴れたように見えたかも知れないけど、俺の髪をつかんだり、頭を殴ったりして暴れたのは森さん。俺は一切、手を出してない。あの映像は俺が死ぬまで残るかも知れないけどさ」と苦笑しながら続けた。

「厳しい世界だから今、森さんも政界にいないけど、何年か後に会ったら、遠くから俺を見つけて『良く来てくれました～』って駆け寄ってきたんだ。さすが、生粋の政治家だと思った。(乱闘の時も)『あっ、大仁田がいる!』って利用されたんだと思う。棒でもなんでもそこら辺にあるものは利用するのが政治家だからさ」

そんな議員時代の映像で現在でもネット上で100万回以上の再生回数を誇るのが、05年8月、参院での郵政民営化法案否決をリポートしたテレビ朝日系「ワイドスクランブル」での浜田幸一氏(12年死去、享年83)との〝バトル〟だった。

大仁田は所属派閥・宏池会の指示のもと、賛成票も反対票も投じず棄権。議場を出た直後に待ち受けていたのが、テレ朝のカメラだった。

ワイプ画面で「議決権を行使しない者に国会議員の資格はない。反対なら反対できちんと明確に意思表示するのが務めだろう！」と〝ガン詰め〟してくる浜田氏に大仁田は思わず「でも、僕は小泉さんの子どもですから。僕には裏切れなかったんですよ！」と声を荒らげてしまった。

途端に浜田氏の表情が一変。「なんで、おまえがそこで怒鳴るんだよ！」と一喝された大仁田は絶句。そのまま無言でフェードアウトすることになった。

この「国会の暴れん坊」との一幕について「『改革だ！』と叫び『小さな政府』を目指して官から民へと謳《うた》った郵政民営化はやるべきだと思った。だけど、失敗した海外の事例や僻地《へきち》への公平なサービス問題とか釈然としない疑問が解消されなかった。アメリカの言いなり感も拭えなかったし…。それに加えて、党議拘束、さらに宏池会からの指示。本音を言うと、この件で何が国益につながるか、あの時、どうすれば良かったのか、はっきり答えが出なかった」と大仁田。

この時、テレ朝のカメラが大仁田を待ち受け、〝エジキ〟にしたように、扱いは最後まで「レスラー出身のタレント議員」だった。

そんな環境に倦《う》んでいった大仁田だったが、そこまでの6年間、目の回るような多忙そのものの日々を過ごしたのは確かだった。

朝の勉強会を終えての明大への通学。文教科学委員会の一員としての必死の「いじめ問題」への取り組みと、寝る時間も惜しんでの参院議員活動を続けたが、永田町の空気は6年間、一貫して冷たかった。

「何をやってもタレント議員だとか、パフォーマンスだとかがつきまとっていた」

一方で党から求められるのは〝広告塔〟としての役割ばかりだった。

「仕事と言ったら選挙の時、地方を回って声を張り上げて応援演説をすること。俺が一般の人の代表として委員会で『おかしいだろ!』って発言しても、それが実現することは決してなかった」と振り返ると「俺は国会って、俺たちの小さな意見でも拾ってくれる場所と思っていたけど一切なかった。国を動かすっていう意気込みを持って議員になったけど、それもできなかった」と寂しそうに続けた。

プロレスラー出身の1年生議員――。それが「参院議員・大仁田厚」の現実の姿だった。

「馳さんなんか見てると、プロレスラーとしてバカにされても、ちゃんと県知事まで行ってる。そういうところは利口な生き方だなと思います」

自身同様にレスラー出身ながら文科相、石川県知事と上り詰めた馳浩氏の名前を挙げると、「馳さんは自分で道を切り開いたということ。森（喜朗）さんの出身の石川県で参院議員になって衆院に鞍替えして、最初はプロレスラーがって白い目で見られたと思うけど、それを我慢して我慢して、それは素晴らしいことだと思う」と続けた。

「自分でその時は世の中を変えられると思っていたけど、そうはいかなかった。国会という魔物がいたんだよ。政界には魔物がいるんだよ。目立ち過ぎると…」

そして、決断の時が来る。

突然の政界引退表明

比例区での公認も内定。2期目を目指して出馬すると見られていた07年7月の参院選の1か月前に大仁田は緊急会見。突然、政界引退を表明してしまう。

当時、一部週刊誌に「キャリア官僚とキャバクラ嬢やAV女優を自宅マンションに招いて乱痴気騒ぎをしていた」という記事が掲載されることを知っての出馬辞退という憶測も浮上したが、「それはまったく関係なかった。『みんなで飲みましょう』って言って、合コンまがいのことをしただけ。俺は外に出てタバコを吸っていた。(記事にあった)『脱げ！　脱げ！』なんて絶対に言ってない」と、この時ばかりは声を荒らげた。

その証拠にこの年初めには議員辞職を決め、後見人として支え続けてくれた古賀誠氏に「すみません。辞めます。僕の今の考え方に国会が合いません」という言葉で報告していた。

「古賀先生はその時、何も言わなかったし、俺も引き留められても、もう、やらないと決めていた」

そう明かした後、こう続けた。

「ただ、自民党を除名になったのはいまだに分からない。議員辞職を申し出たのに受理されないで後から除名と言われて弁明の機会も与えられない。結局、おまえはいらないってことじゃないですか？」

そう寂しげにつぶやくと、「人間って嫌にな

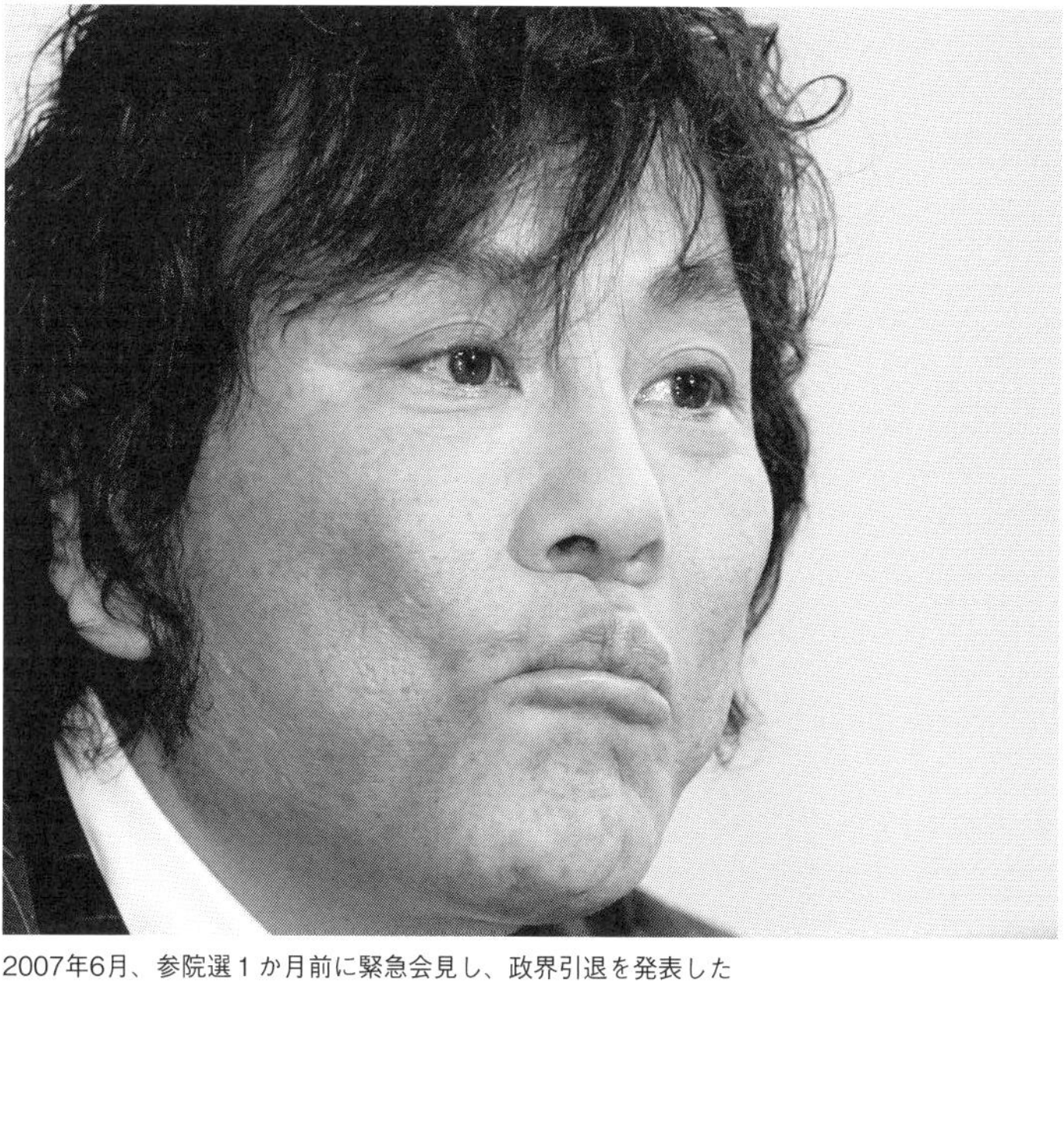

2007年6月、参院選１か月前に緊急会見し、政界引退を発表した

る時があるじゃないですか？　辞める3、4か月前に自分の中で『国会議員・大仁田厚』に対して、これは違うな。これが俺の道なのかな？って思ってしまったんです」と正直に口にした。

「そのまま腐っていく自分に我慢して生きていくのかって話でしょ」と続けると「46万人もの人に投票してもらって、議員にしてもらった。期待してもらった。『人づくりなくして国づくりなし』っていう言葉の通り、未来の日本にとって大事な教育、いじめ問題を、俺が何とかするって意気揚々と政治の世界に飛び込んだのにこのざま…。申し訳ないし、情けなくて、不甲斐なくて。今、この歳になって、あの時、もっとこうすれば良かったと思うことがたくさんある。だけど、あの時は無力感が苦しくて…。このままでは俺は腐ってしまうなという気持ちで（議員）バッジを外した。外すことになんの未練もなかった」ときっぱり。

議員になって6年目の06年に調停の上で離婚が成立していたことも大きかった。

「離婚してなかったら、生活を守るためという選択肢もあったかも知れないけど、もう1人なわけじゃないですか？　自分の生きたいように生きるだけと思った」と正直に明かすと、「もっと真面目にやっていたら、3期くらいやって副大臣にはなっていたよ。同期（当選の議員は）はやってるからさ」と本音もポロリと漏らした。

6年間の議員生活を振り返って「我慢したけど、教育改革ができなかったから、自分の中でくすぶっている部分はある。やりたいことができなかったわけだから。ただ、総理だって、やりたいことができないのが政治の世界だよ」と寂しげにつぶやくと、「今はSNSの時代でいじめも巧妙に、陰湿になっているよね。いじめで人生が潰されるなんてことがないように法案できちんと罰したり、そういうことのために戦いたいって気持ちはある」と、現在の「政治家・大仁田厚」としての思いも明かした。

今明かす大仁田厚の真実⑪

藤丸敏　衆議院議員

政治のプロの目から見た「大仁田議員」とは、どんな存在だったのか。

大仁田の01年から6年間に及んだ参院議員時代。1年生議員として永田町を駆け回っている一部始終を見ていたのが、藤丸敏衆院議員だった。

藤丸敏衆議院議員

当時、大仁田が「政治の師」として仰いだ自民党宏池会の元会長・古賀誠元衆院議員の秘書を務めていた藤丸氏は「大仁田さんは古賀先生の前では常に直立不動。馬場さんと(弟子として)やってきたからか、礼節がしっかりしていて、かわいがられていたね」と振り返る。

当選後、文教科学委員会に所属し、「いじめ問題」をテーマに汗を流していた姿も見守っていた。

「一生懸命、いじめの現場を回ってやっていたのを俺は知っています。大仁田さんは正義感が強いでしょ。そこは議員としての大きな資質だったと思う。古賀先生が一番評価していたのも彼の正義感だった」

藤丸氏自身が教員養成系の東京学芸大出身。秘書になる前は高校の非常勤講師も務めていただけに古賀誠事務所で一緒になると、大仁田と教育現場、特にいじめ問題について話し合うこともあったという。

大仁田が感じていたプロレス出身者への偏見と1年生議員ゆえのジレンマについては「本人はそう言った部分を感じていたかも知れないけど、馳さんは県知事にまでなってるからね。そんなこと言ったら、国会議員には本当にいろいろな人がいますから」と正直に吐露した。

「臆することはなかったのに…。大仁田さんは当時、（社会人入学した）明大に通っていたと思うけど、学歴と知恵は違いますから。大仁田さんには生きる知恵と正義感がある。筋を通して礼節を重んじるところとか、人間関係を大事にするところとか、魅力があったんだから」

そう評価するだけに07年7月、参院選直前の唐突な議員辞職には驚いたと言う。

「俺は『なんで辞めるんだよ』って言ったもん」と藤丸氏。

「大仁田さんは多分、それまでドロドロした世界の経験がなかったんだと思う。そこが嫌になったんじゃないかな」と推測すると、大仁田が辞職の理由としてあげた「このままでは腐ってしまう」という言葉について、「それは本音だと思う」とポツリ。

「政治の世界がドロドロしているのは本当のことだから。大仁田さんは、そういうところが我慢できなかったんだと思う」と、真剣な表情で続けた。

そんな政界で艱難辛苦《かんなんしんく》。古賀氏の後を受け継いだ福岡7区で4回連続当選を果たしてきた自身の経験を踏まえ、「もう少し我慢してやっていたら、大仁田さんは偉くなったと思う。その点で惜しいなあと思う」と、つぶやいた。

思わず漏らした言葉の理由はずばり、全国の小・中・高校での認知件数68万1948件と右肩上がりで増え続けている「いじめ問題」の悪化だ。

6年間で終わった参院議員生活の中、いじめ対策をライフワークと定め、福岡県を始めいじめ自殺のあった現場をこまめに回っていた大仁田は辞職から17年経った今でも、いじめ自殺の実際のケースについて事情を聞くなど、独自の活動を続けている。

「ただ、ただ、ショックを受けました。事件が起こった後も、いじめがあったことを認めなかったり、遺族の知る権利が踏みにじられたり、いまだにハッキリしない」

そう、声を荒らげた大仁田は21年に北海道・旭川市で起こった女子中学生いじめ凍死事件後、自身が代表を務めるFMWEを率いて、旭川市で2年連続「なくそうイジメ！FMWE電流爆破プロレスin旭川」と名付けた興行を開催。いじめ防止の啓蒙活動を地道に続けている。

そこには全日の新弟子時代、馬場さんの付き人というだけで、大相撲出身者たちから理不尽にいじめられた自身の経験も横たわっている。

今でも「いじめ問題」で大仁田と連携を続ける藤丸氏は、その思いの深さを知り尽くした上で、こう言う。

「ぶっちゃけて言うと、今の国会にはいじめ問題にずっと携わっている人がいないんです。誰がこの問題を一生懸命やっているんだろうって。ずっと、この問題を抑えていこうという人がいない。いじめの件数ははっきりと増えている。全然、進展してないし、（学校側の）隠す体質も変わっていない今、そういう議員が絶対必要だし、俺は大仁田さんが適任だと思う」

さらに「大仁田さんと同期（当選）の人たちが今、重鎮になっているから、そういう人脈も使える。厳罰化したことで飲酒運転の検挙件数が激減したように、いじめ問題も人をいじめたら自分が損をするって教える形で世の中を動かさないといけない。議員だった時、それに懸命に取り組んでいた大仁田さんは適任者だと、俺は思う」と期待も寄せた。

自身は金融と農業という専門分野を持ち、新NISA（少額投資非課税制度）導入の立役者とも言われる実力派議員は7度の引退、復帰を繰り返し、「ウソつき」とも言われることがある「邪道」について「それはウソつきなんじゃないの？」と、ずばり言った上で「でも、宮崎（駿）監督もそうだけど、本人はこれで無理、一旦辞めようと思うけど、また血が騒いだんじゃないかな」と笑い飛ばした。

アフガニスタンで即席リング

大仁田の体に流れているのは、生まれついてのプロレスラーとしての血液。その熱き脈動は、多忙を極める議員生活時代も決して動きを止めることはなかった。1年生議員として永田町を駆け回る一方、現役大学生として明大駿河台キャンパスに通う日々。

「暇より忙しい方がいいよ。生きているって感じがあるじゃないですか？　多少、朝は眠かったけど、あの頃は若かったからさ」

今、そんな言葉で当時を振り返った大仁田は時間がいくらあっても足りない中、「基本的に好きなんだよ。15歳からやってるから」と言うリングでの闘いも決して忘れなかった。

新日に乗り込んでの「大仁田劇場」閉幕後もFMW出身者や一部インディー団体との人脈を使って「大仁田厚プロレスリング」と銘打った自主興行を開催。シリーズを組んで、地方も回った。

参院戦出馬半年前の01年1月には一つの区切りもつけた。

東京ドームに5万8700人の観客を集めて行われた恩師・馬場さんの「三回忌追悼興行」で古巣・全日本プロレスに参戦。「兄貴分」テリー・ファンクと組んで、アブドーラ・ザ・ブッチャー、ジャイアント・キマラ組と戦った。

全日退団後、新団体・FMWを作ったことでできた溝が確かにあった中、「高かった全日本の敷居を超えて、テリーと組んで、馬場さんへの恩返しができた。ただひたすら、全日本のリングに上がれたという喜びだけがあった」という瞬間を味わった。

03年3月には長州力が旗揚げしたWJプロレスの旗揚げ戦にも「大仁田劇場」時に新日側の交渉相手だった永島勝司WJ専務取締役の「長州が新団体を作ったから出てくれ」というオファーのもと現役議員ながら参戦。全日時代の後輩・越中詩郎との電流爆破マッチに臨み、横浜アリーナの花道でパイプいすに座って、タバコを加えるパフォーマンスで満場の観客を沸かせた。

「タバコはね。長州が嫌がることをやってやろうと思ったんだ。越中との電流爆破はあまりかみ合わなかった印象しかない。ピンと来なかった試合だったね」とだけ振り返った。

最大の物議を醸したのが、05年3月26日、午前中に東京・日本武道館で行われた明大の卒業式に出席。その足で後楽園ホールに向かい、雷神矢口と組んで、天龍、越中組と「ノーロープ有刺鉄線ストリートファイトトルネード・バリケードマット・ダブルヘル・デスマッチ」で激突した一戦だった。

現役国会議員の大仁田がこの試合を「プロレス卒業試合」と銘打ったため、各マスコミは事実上、3度目の引退試合として大きく報道。翌06年4月1日に東京・靖国神社で行われた奉納プロレスで一転、リング復帰したため、「ウソつき」とのバッシングを浴びることになってしまった。

靖国神社での復帰戦後には「今日はプロレスに入学したんじゃ。プロレスに定義を持ち込むな。プロレスを永遠に不滅にしたいんじゃ！」と叫んで、さらに顰蹙《ひんしゅく》を買ってしまったが、「あれは失敗した」と素直に反省する。

「プロレスを卒業するんじゃなくて、あくまで大学を卒業したお祝いのプロレスのつもりだったけど、そりゃ、どうしてもプロレスを卒業するみたいに報じられるよね。『ウソつき』と大いに批判されたし、人生の中でいくつかしている失敗の一つだとは思っている」とつぶやいた。

そう振り返った大仁田は国会議員のバッジを付けながら、リングに上がり続けた日々を決して後悔はしてはいない。

「それは議員に専念しなきゃいけないのは分かっていたから、公務のない土、日にしかリングには上がらなかった。でも、当時、文科省に『いじめ自殺の現場に行こう』っていくら言ってもついてくるのは、若い職員1人だったりして…。いじめの現場へ行って報告しても、取り合ってもらえない虚しさやストレスがたまっていく中、プロレスのリングに戻ると本来の自分に戻れるって気がした」

そう正直に言うと、「リングが居場所って感じだった。プロレスの世界に戻ると、自分らしさも戻る。永田町ではできなかった自分らしく生きるってことができたんだよね」としみじみ言った。

そんな実感を持つ一方、大仁田は9・11米中枢同時テロ翌年の02年9月、議員バッジを付けた現役レスラーである自分にしかできない命がけの外交活動に乗り出した。

それが未曾有のテロの悪夢もさめやらない中でのタリバン政権崩壊直後のアフガニスタン電撃訪問だった。

その直前にはパキスタンのアフガン難民キャンプも視察。参院文教科学委員として、難民の子どもたちの教育の現状を把握するための現地入りだった。「子どもたちは勉強することもできなくて、みんな大変な生活を強いられていた。これは現地に行かないといけないと思った。議員は行動するものだと思ったから」

そんな思いのもと、雷神矢口を伴って、戦火のアフガンの首都・カブール入りした。

各所に地雷が埋まっているため、移動に使用したランドクルーザーは車体の底を鉄板で補強した軍用のもの。食事をしていた際には近隣の学校の裏にミサイル弾が直撃し、振動で自身の食器が10センチ浮き上がった。すぐに向かった現場には直径5メートルの大きな穴が開いていた。

「街が破壊されている中、子どもたちは懸命に生きていた。地雷地帯に足を踏み入れたら、片足のない子どもがうろうろしていて『地雷を踏んで片足がなくなっちゃった』って言うんだよ。戦争の悲惨さ、無意味さをすごく感じて、子どもたちに笑顔を取り戻したいって思ったんだ」

子どもたちに物資を届けた後、さらに自身が何をできるのかを考えた直後には体が動いていた。

「俺の武器はプロレスしかない」

カブール西部のスポーツクラブの屋内にリングこそ設営できなかったが、現地にあったマットを敷き詰め、即席のリングに。矢口と3試合を行った。

400人以上集まった観客の多くが子どもだった。

子どもたちを笑顔にするため、現役議員として雷神矢口㊧と共に戦火のアフガニスタンへ乗り込んだ

いろいろなパターンの試合を見せるため、試合ごとにコスチュームを変え、顔にペイントを施すなどした3試合だったが、子どもたちは大喜びしてくれた。

「この何十年で子どもたちのあんな笑顔を見たことはなかった。こっちがありがとうと言いたかった」と逆に感動させられた。

試合相手だった矢口も「シングルマッチの3試合目には子どもたちがベビー（善玉）とヒール（悪玉）の応援の仕方まで分かってきて。俺がマットを叩いたら、子どもたちもバンバンとマットを叩くようになって」と回顧。

ミュージシャンとしても活躍中の巨漢レスラーは、「その時、プロレスって、すげえなって。音楽とプロレスって世界共通だなって思いました。世界情勢なんて取っ払って、人の心にズドーンと来る。大仁田さんはそういうことも本能的に分かっていたんだと思います」と説明した。

「プロレスは動きを見せるものだけど、『感じるもの』だと思うんだよね。あの時、アフガンの子どもたちは俺とやっちゃん（矢口）の試合を間近で見て、プロレスの魅力を感じ取ってくれたんだ」と今でも熱く振り返る。

「あの時の子どもたちの『オーニター！』って声援は忘れられない。子どもたちに『頑張れ！　ファイヤー！』って俺は叫んだ。子どもたちは『また、帰ってきて！』って言ってくれた。もっと多くの人にプロレスを見て、元気になってもらいたいと思ったし、今度はスタジアムで試合をしたいと思ったんだ」

そう決意した大仁田は、プロレス開催後にはカルザイ大統領（当時）とも面談。次回訪問時には、タリバンが処刑場にしていた1万人収容のスタジアムでのプロレス大会開催も夢描いた。単なる夢では終わらず、このスタジアムは11年12月、スタジアムとして再オープンしたのだった。

だが、次なる訪問は結果的に実現しなかった。

国会議員としての達成感と現地の子どもたちがくれた大きな感動とともに帰国した大仁田を待っていたのは、同僚議員のこんな言葉だった。

「あまり飛び跳ねちゃダメだよ。1年生議員の間は目立っちゃダメ」

さらに大仁田がアフガンの子どもたちの前で叫んだ「ファイヤー！」という言葉に対してすら「戦時下の国で政治家が口にする言葉か？」という一部マスコミの批

判の声があった。

「自分が『ファイヤー！』と子どもたちと叫んだことについて、不適切だと批判された。過酷な状況でも、プロレスを見て大はしゃぎしていた子どもたちの歓喜の『ファイヤー！』は『頑張ろう！』と同義語的に使っていた。現地の子どもたちとの、元気になる合言葉みたいな…。言葉尻を捕らえて批判する人は多い。自分が正しいなんて思ったことはないけど、あの時ほど自分が身を置いている政治の世界の矛盾を感じたことはなかった。日本は本当、平和だなとも思ったけどさ」

そう声を落として振り返ったが、そこでも感じ取ったのは永田町に漂う〝腐臭〟だった。

長崎県知事選と神埼市長選

一議員として鬱屈を抱えたまま議員辞職の時を迎えた大仁田が永田町生活で学んだのが、「一兵卒じゃ何も変えられない」ということ。そして、参院議員としての永田町での6年間で大いなる挫折を味わった末に新たに狙いを定めたのが、自治体のトップとしての地方改革だった。

「地方自治をやってみたかった。県知事や市長になって自分の能力で改革してみたいって。地方って、ドロドロしているじゃないですか？　例えば新幹線の乗り入れにしろ、どうしても一部の人間が利権をむさぼる構図がある。地域に住む人のためというよりも個人や特定の企業に流れるように税金を使うような利権構造は間違っている。そこを変えたかった」

現職議員だった05年12月には生まれ故郷・長崎県で長期政権を築いていた金子原二郎知事（当時）の舵取りに疑問を感じ、知事選立候補を検討した。

「金子さんに会って『もっと長崎を改革してもらいたい』と提言した。いつまで経っても県民所得が良くなっていなかったし、長崎はもっと文化を発信できる県だと思ったから」

その際は金子氏が自身の政策取り入れを表明したため矛を収めたが、参院議員辞職後の09年、満を持して翌年2月の知事選への無所属での出馬を決めた。

「地元選出の自民党の有力議員が『推薦をくれる』って言ったけど、俺は

2010年の長崎県知事選に出馬して落選も、支持者に拳を突き上げてあいさつ

『1人で戦ってきます』って答えた。自民から出るイコール選挙資金も自民から、つまり当選後も縛られるってことでしょ。それは嫌だったし、（宮崎県知事選で当選した）東国原（英夫）さんみたいに1人でやってみようと思った。新日に乗り込んでの大仁田劇場だって、ずっと、俺は1人で戦ってきた。1人で戦うと、しがらみもないし、忖度しなくていいから、自分が正しいと思ったことが実現できるしね」

そう振り返った大仁田はまさに徒手空拳《としゅくうけん》。歌手・松山千春らの応援も得て、たった1人で県内の離島まで回りに回った。

「当時、民主党政権だったけど、民主は県知事を獲ろうと、小沢一郎さんが乗り込んできたり、8億円バラまいたって言われた。俺は必死で離島まで回った。漁師さんに船に乗せてもらって、船の上から演説したり面白かったよ」

結果は9万8200票を獲得も6人中3位で落選。

「結局、利権とかの構図に勝てなかった。組織というのは強いなと思った。魔物みたいなものは確かにいる。あそこで自民の推薦をもらっていたら結果は違ったかもと、たまに思い返すけど、結局、県知事選はいろいろな利権が絡んでいたから。自分が間違っていると思っても、利権の一端を担わざるを得なくなっていただろう。それじゃあ、自分の意思通りに県政は変えられない。でも、俺はなんの組織もなくて、10万票近く獲ったんですよ。負けはしたけれど、俺の熱意をこんなに多くの人が感じて、期待してくれたんだって。嬉しかったですよ」

18年4月には母・巾江さんの故郷・佐賀県神埼市長選に無所属で出馬した。

「おふくろの故郷ということもあって佐賀県にはもともと思い入れがあった。神埼って、ふるさと納税もほとんどやっていないくらい遅れていた。有名なイチゴとか農業でブランドにできるものも多かったし。だけど、不要だと思われる、いわゆる『箱モノ』を建てたり。市民のためにお金が使われていないように感じたし、税収を上げる改善もされていなかった。近隣に比べて、人口も減少傾向だったしね。改革しないとダメだと思った」

挑む相手は現職市長だった。

選挙活動初日には、なぜか選挙カーがパンクしていた。「市を食い物にする大仁田のような人間を市長にしていいのか？」と大書された怪文書もまかれたが、レスラーとして、ずっと1人で戦ってきた「邪道」は、まったく臆することなく戦った。公開討論会では、まさに建設会社を中心とした利権の構図に切り込み、得意分野である教育改革も提言。自身では「100対0くらいで勝ったと思った」という手応えをつかんだ。

出口調査でも「大仁田優勢」との予想が出たため、開票当日にはテレビカメラ9台、東京からも含め全13社のマスコミが集まり、当選の瞬間を待ち構えた。だが、結果は9002票対8025票という僅差での落選だった。

「一夜にしてひっくり返されるという怖さを味わった。地方にはドロドロした魔物がいるって、もう1回、思い知らされた」

落選後も次の選挙を見据えて神埼に住み続けたが、「選挙から2年後、俺が（選挙戦で）争点にした新庁舎ができた時、むなしさが頂点に達した。あと、選挙は終わったのに嫌がらせの手紙が届いたりして、徐々に改革への思いがしぼんでいった」と正直に話した。

「落ちた時は奈落の底に落ちた気分で、へこみまくっていた。でも、勝たなきゃ何もできないなって…。もっと、もっと勉強しなきゃいけないなって気づいた。国会議員から地方選挙に出たことで、地方についてじっくり考えるきっかけになったし、得たものは大きかった」

「人生って、転んだ時に地面にはいつくばって、悔しくて握りしめた拳《こぶし》に土でもなんでもいい、何かをつかむんだよ。そのつかんだ物が次につながる何かになるんだよ。転んでもただでは起きないって、そういうことだと思うんだ」―。

今明かす大仁田厚の真実⑫ 高山善廣

電流爆破マッチを戦い抜いた後、がっちりと握手をかわす高山善廣㊧と大仁田

とことん落ち込んだところからの復活劇こそが「邪道」の真骨頂。そんな異常なまでの生命力の強さを持つ男が「プロとしてすごいと思う」と敬意を持ち続ける1人の「ザ・レスラー」が、自身が身を置く〝逆境〟の中で口を開いた。

「プロとしてすごいなと思う。肝の座り方が素晴らしい一流のレスラー」と大仁田が称賛する9歳年下のレスラー。それが現在、2017年5月4日のDDT大阪・豊中大会でのリング上の事故で負った頸髄《けいずい》完全損傷の大ケガとの不屈の闘いを続けている高山善廣だ。

「邪道」が「1人で全団体を渡り歩いたトップレスラー。飛び抜けた存在だと思います」とほめたたえるプロレス界の「帝王」は療養中の自室で、こう言う。

「僕は小学生の時から全日本プロレスを見ていたから、テリー・ファンクがアメリカ武者修行から連れて帰ってきた後、チャボ・ゲレロに（トロフィーで）ボコボコにされる大仁田さんを見ていました。せっかく凱旋帰国したのに血だらけになって…。子どもながらにかわいそうと思いました。あの光景はブッチャーにフォークで腕を刺されたテリーと同じくらいの衝撃でした」

「足もぐちゃぐちゃ（左膝蓋骨粉砕骨折）になって引退したじゃないですか。ジュニアチャンピオンだったのに、かたや新日本には（スーパースターの）タイガーマスクがいて。僕にとって大仁田さんは悲劇の人だったんです」

そう続けた高山自身は全盛時196センチ、125キロの巨体から繰り出すパワフルな攻撃を武器にUWFインターナショナルを皮切りに全日、新日、プロレスリング・ノアとメジャー団体を渡り歩き、IWGPヘビー、三冠ヘビー、GH

Cヘビーなど各団体の最高峰のベルトを総なめにしてきた。

プロレス界でスーパーメジャーな存在ながら、01年には総合格闘技のPRIDEにも参戦。格闘技ファンなら誰もが知るドン・フライとの互いに首に腕を掛け、顔面が変形するまでの殴り合いを敢行。全米マット界でも、その名を知らぬファンはいないほどのレジェンドとなった。

「すべてのベルトを獲り尽くしてしまった。やり尽くしてしまった時に後は何をやるかってなった時に電流爆破しかなかったんです。デスマッチしかないって。電流爆破をやらなかったら『なんだ、高山。怖いから電流爆破から逃げたのか。大したことねえな』って、大仁田さんに何も言い返せないじゃないですか」

そう言って、ニヤリと笑うと、「PRIDEもそうです。異種格闘技もUインターの田村潔(現・潔司)さんや金原弘光さんもやっていたでしょ。やり尽くしちゃったから、もういいかじゃなくて、そこにPRIDEという存在があった。それをやらなかったら威張れないって、自分で思ったんです」と続けたが、もう一つの理由もあった。

リハビリ中の自室にはプロレス、そして映画の名作まで貴重なフィギュアが箱に入れられた状態で、壁にずらりと並んでいる。

「もともと、おもちゃが好きで『大脱走』のスティーブ・マックイーンのフィギュアから始まって、コレクターになって。集めているフィギュアもレスラーから、怪獣から、スター・ウォーズまであります。それと同じでベルトもコレクターとしてすべて集めた後、電流爆破でコンプリートだなって。そう思ったんです」と明かした。

そんな男が熱い〝コレクター魂〟のもと臨んだのが、初体験となる電流爆破マッチだった。

大仁田は「高山さんは本当にすごい。有刺鉄線に普通のロープのように頭から突っ込んで行った。その姿勢には感動すら覚えた。もう、こんなレスラーは現れない気がする」と振り返ったが、高山本人は「それは、ちょっと違うんですよね」とニヤリ。

心底、楽しそうに微笑んだ「帝王」が明かす9年前の〝あの一戦〟とは、2015

年1月23日、「爆破王」のベルトをかけた大一番。高山は大仁田と初代王座戦「ノーロープ有刺鉄線電流爆破ダブルバット・ダブルヘルデスマッチ」で激突した。

あの大一番から9年。「プロレス界の帝王」と呼ばれた男は大仁田が「俺だったら頭から有刺鉄線に突っ込めない。あれで人間の器が分かった。プロとしてすごいなと思う」と繰り返し称賛するワンシーン、電流が流れる有刺鉄線に頭から突っ込んでいった一幕について、「あれは大仁田さんが僕にワナを仕掛けたんです」と、微笑みとともに振り返る。

「僕がタックルに行ったところに足を引っかけた大仁田さんがネックシザースで頭から突っ込ませた。あそこでネックシザースを出すところが本物のプロレスラー。馬場さんの王道プロレスをマスターしている人にしかできない動きです。大仁田さんは、ただのインディーの人じゃないんです」

そう続けると、「あれは小川(良成)さんとかもよくやる全日本(出身)のジュニアの人が大きな相手とやる時の手玉に取るやり方。大仁田さんは自分がやったことを忘れているだけで、ワナにはまった僕が頭から突っ込んだだけ。あれこそ大仁田さんの策略。自分で足を引っかけておいて、何言ってるんですか?って今は思うし、大仁田さんが僕の勇気の象徴のように言ってくれているだけですよ」

そう振り返った高山は「(爆破で)一瞬、視界が真っ白になって、感覚がなくなりました。体中、有刺鉄線が刺さって、動かしたら皮膚が裂けると思って、そ～っと、そ～っと(その場を)動かないようにしました」という賢明な判断のもと体中に刺し傷こそ残ったが、縫合が必要な切り傷だけは負わなかったという。

自身の〝伝説〟については謙遜したものの「大仁田劇場」での大仁田との闘いで一度も電流爆破を受けなかった長州については「長州さんが大仁田さんのワナにはまらなかっただけです。でも、はまらなかった頭のいいレスラー、(自身の)強さを守れたレスラーではいられるけど、チキンとも言われてしまう。逆に言えば、大仁田さんがあの人を電流爆破に引きずり込めなかったとも言えますよね」と分析した。

大仁田とは共通の〝師匠〟がいた。

「電流爆破でやり合った後、大仁田さんがこう言ってくれました。『高山さんは馬場さんの教えを守っているのがいいなあ。だから、電流爆破もやってくれたんだな』って」

共に全日時代に師事したのが、馬場さんだった。

その教えは、こんな言葉だった。

「観客を安心させちゃダメだって。安全第一で座って見ているなんて、本当のプロレスはそうじゃダメって。リング上の闘いを見て、立ち上がったり、見ていられなくて目を塞いで下を見ちゃったり。そんな闘いをするからこそ、お客さんは高いカネを払ってくれるんだって教わりました。だから、WWEだって、デスマッチもやったわけで、大仁田さんの根底にあるのも、僕と同じ馬場さんの教えだと思います」

「ただ、僕の一番の失敗はリング上で大けがをしてしまったこと。僕は担架で降りてしまった…」と、試合中に大けがを負ったことを振り返ると、「自分で試合を終え、あいさつして、リングを降りる。それができなかったことに悔いが残ってます。以前の状態に体を戻すことは、はっきり言って無理だと思っているけど、自分の体をちゃんと戻せたら、リングに上がって、あいさつしたいと思ってます。自分でリングを降りないと、一流のプロレスラーではないですから」と、この時だけは目をギラリと輝かせた。

そんな思いで日々のリハビリに励む不屈のレスラーは自身に対する支援イベント「TAKAYAMANIA EMPIRE」に「邪道」が参戦したことについて、「大ベテランなのに、僕のためにチャリティーイベントに参加してくれて…。他にはなかなかいない人と思いました。本当にありがたいですね」と感謝し、その独特の存在感について「プロレスという世界で一つのジャンル、スタイルを作り上げた本当にクリエイティブで偉大なレスラーだと思います。ウソを言うわけでも、よいしょでもなく、本当にそう思います」と言い切る。

「実際に戦うまでは、そこまでは思わなかったんです。でも、ロックアップで組んだ瞬間の体のさばき方から、これは馬場さんに教え込まれた人だと分かったし、さらにそれ以上のものを、電流爆破を発展させて作り上げたんです」と分析。

そして「大仁田さんは世間で邪道と言われているけど、王道ができなくなったから邪道に走ったわけじゃない。王道の上に邪道のスパイスがかかっているのが大仁田さん。それは戦って見ないと分からないことだし、邪道というクリエイティブな闘いができないヤツの方が邪道だと、僕は思います」と続けた。

大仁田が7度の引退、復帰を繰り返してきたことについても「辞めないのはすごいこと。やり続けるのはすごいことです」と評価し、「大仁田さんをインディー、インディーとバカにするヤツには、おまえがバカなんだよと僕が言ってやりますよ」

そう言い放つと、ニヤリと笑った。

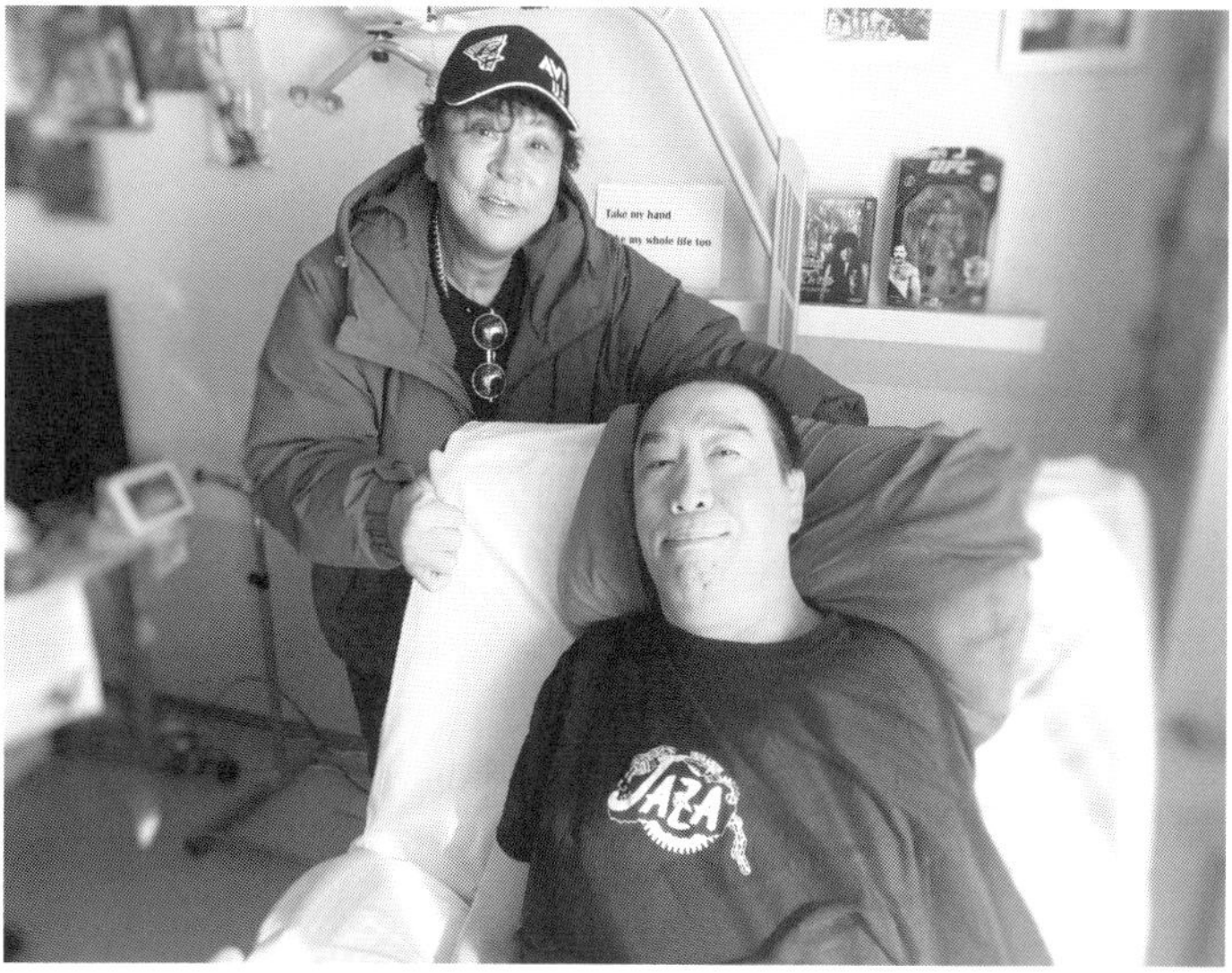

2024年3月、今も療養中の高山善廣㊨の見舞いに訪れた大仁田

今明かす大仁田厚の真実⑬ ミス・モンゴル

髙山さん同様、「邪道」の持つパワーに魅了され、「女版・大仁田」と呼ばれるようになった一人の女子レスラーがいる。

大仁田が率いていたFMWから1994年にプロレスデビュー。現在もフリーの立場で大仁田主宰のFMWEのリングに男子選手に混ざり、定期的に上がっているミス・モンゴル（本名・上林愛貴）。

ミス・モンゴル

大仁田が「あの子のたくましさはどこから来るんだろう？　女の子1人でプエルトリコに（修行に）行って。女子レスラーの中でも異端だけど、決して人を裏切ったりしない分かりやすい、いい人間です」と評価する女子レスラーは、「私の人生すべてに大仁田さんが関わっています」と、リング上とはまったく違う柔和な笑顔で言う。

18歳でのＦＭＷ入門時、大仁田人気は絶頂。リング、そして芸能界での仕事と飛び回り、１年に１日も休みがない状態だった。

ヒールレスラーとして、モンゴリアンチョップを得意としていたことから大仁田に「ミス・モンゴル」というリングネームこそ授かったが、「ＦＭＷの中でピラミッドの頂点過ぎた」という「邪道」は「会場にセミ（ファイナル）くらいに駆けつけて、メインで試合だけして水まいて去っていく感じ。憧れで教祖のような存在だったけど、『上林です！』、『おお、頑張れよ』くらいしか、会話した記憶はなかったです」と言う雲の上の存在だった。

「アメリカンプロレスに憧れて、女子だけどデスマッチもやりたいと思ってＦＭＷに飛び込んだ私にとって、10代の頃から面倒を見てもらった大仁田さんがすべてでした。私が今でもプロレス界にいられるのも〝ＦＭＷ貯金〟のおかげ。そんな恩人を一度だけ自分の人生をかけた場面で驚かせたかった」

そう振り返ったモンゴルが一世一代の勝負に出たのが、14年12月27日、東京・新木場のリング上でのお笑いトリオ「東京03」の豊本明長への〝公開プロポーズ〟だった。

プロレス雑誌でコラムも持つほど、インディープロレス、女子プロレスに精通していた豊本との交際こそ伝えていたが、プロポーズまでは大仁田にもまったく相談していなかった。

「邪道」自身、「リング上でプロポーズ…。あの時は俺も『何、言ってるんだろ?』って、びっくりしました。突然過ぎてさ」と振り返る突然の一幕だった。

一観客として観戦していた状態から突然、隣に座っていた松永光弘に腕をつかまれ、リング上に連れていかれる形となった豊本も「僕は最初、『嫌です』と言いました。押し問答になったけど、驚いた表情の大仁田さんを見た時、大仁田さんと松永さんの久しぶりの遭遇なんて、こんなことでもないと実現しないなと思って。気づいたら、一ファンとしてリングに上がって(モンゴルのプロポーズを)受けていました」と回顧した。

「大仁田さんが『聞いてないよ〜!』って言って、ニヤニヤ困惑している顔を見た瞬間、『やった!』という気持ちになりました」とモンゴル。「『おお〜っ!』って喜んでくれて、プロポーズ後に控え室で二人っきりになったら、素の状態の大仁田さんに『モンゴル、おまえは空母になれ。旦那さんが戻ってくる場所になれ』って言われて『分かりました！』って答えました」

10年前の〝人生をかけたビッグマッチ〟を、そう振り返った。

婚姻届の保証人にもなってもらったが、大仁田が自身の住所を思い出せず、書き直しになった一幕もあった。

「そういう抜けてるところも大仁田さん。そういう鈍さもアンチ・コメントへのスルースキルになってるのかも…」と苦笑したモンゴルが「10代の少女の頃から面倒を見てもらって、結婚、出産と、すべてに大仁田さんが関わっていて。ずっと、そばにいてくれて、私の人生の大事なところで手をさしのべて下さって」と言う通り、小学1年になる長女にもサンリオのキャラクター・シナモロールのぬいぐるみを、大仁田自らがクリスマスプレゼントとして届けてくれたという。

「女版大仁田」と呼ばれることについて「大変、恐縮ですけど、うれしいです。大仁田さんがＦＭＷで女子と男子が同じ大会に出る形を創出してくれたおかげで、私は今でもリングに立てています」と感謝。

〝師匠〟の7度の引退、復帰を繰り返してきた歴史についても「それは大仁田さんしかできないこと。大仁田さんのことを話題に出すことイコール注目されているってことで、もちろん嫌いな人もいれば、信者もいるのは当たり前のこと」と口にすると、「上に行けば行くほどアンチも増えるし、アンチがいるから大仁田さんは今でもプロレス界の真ん中にいられる。アンチの人が試合を見て、大仁田さんを好きになって帰って行くところを私は何度も見てますから」と前を見て言った。

長年のプロレスファンの豊本も「最初に大仁田さんを見たのは、全日本でセコンドについて、外国人選手とかに真っ先にやられる若手としてでした。でも、FMWでの闘いを見て『なんだ、これは?』って、びっくりしました」と振り返ると「単純にファン目線で見ると、レスラーとしては弱いレスラーだと思います。でも、マンパワーがすご過ぎて、それでプロレス界を渡り歩いているでしょ。負けても、勝った人よりマンパワーで勝る大仁田さんの方が印象に残る。インディーとして、新日本に乗り込んでも、大仁田さんは飲み込まれなかったじゃないですか」と分析した。

「私の夫も芸能人で、相方の2人（飯塚悟志、角田晃広）にもよく会いますけど、大仁田さんのまとっているオーラは、また違うんです。入ってきた途端、フワッと包み込むようなというか」

デビュー30周年を迎えたモンゴルは「大仁田さんが娘じゃなくて妹と言ってくれるのがうれしいです。デビュー30年で、それでも上を見るようになったのも、大仁田さんが私を認めてくれたから。私は30年かけて、やっと、ここまで来たけど、大仁田さんは80歳になっても（レスラーを）やっている気がするんですよね」と心底、楽しそうに笑った。

今明かす大仁田厚の真実⑭

弟・松原孝明さん

大仁田には「頼りがいのある弟です。学者ですから。お互い信頼関係があります」と言う18歳年下の弟がいる。

大仁田の実父・平八郎さんと離婚した母・巾江さんの再婚相手・松原茂二さんとの間に生まれた弟・松原孝明さんは現在、大東文化大法学部・大学院法学研究科の教授として、民法の権威になっている。

松原孝明さん

孝明さんが3歳で物心ついた頃に大仁田は既に21歳。当時、年の離れた姉2人と東京・三鷹市の自宅できょうだい4人一緒に住んでいたが、強烈な記憶がある。

「当時、兄は全日本プロレス所属でしたが、アメリカ遠征から帰って来たら、ジャネットさんというブロンドの白人女性も兄を追いかけて日本に来たんです。僕は当時の日本では珍しい美しい外国人女性と散歩もして。結局、向こうがアメリカに帰ってしまって、それっきりだったけど、強烈な体験でした」

「大きな人が遊びに来たなと思ったら、ジャンボ鶴田さんだったり」という日々の中、小学3年の時にはこんなこともあった。

「いじめじゃないけど、僕がクラスの子に何か言われて泣いて家に帰ったら、兄が怒って、学校に乗り込んで。当時の兄はそこまで全国区ではなかったけど、学校中の生徒が集まってきて、サイン会になってしまいました」と回顧。

そんな大仁田は、孝明さんにとって「年も離れ過ぎていて、兄というより、もう1人の保護者という感じでした」と振り返る。

高校入学で長崎に転居したが、上智大法学部入学で上京。大仁田が99年に「41歳の高校生」となった時には〝家庭教師〟として勉学をサポート。参院議員時代に明大政経学部に社会人入学した後も自身の新婚の妻、友人とともに「チーム大仁田」を結成。リポートや卒論をアシストした。

「兄は学力もグングン伸ばしていった。もともとの頭の良さもあったんでしょうけど、参院議員宿舎から明大に通って、レスラー、タレント、普通の学生とこなして4年で立派に卒業した。チャレンジャーだなあと思いました」と孝明さん。

「父が兄の会社（FMW）に勤めていたので、間接的に援助を受けたことになりますし、大学院に10年通わせてもらったことを感謝していますが、兄の力は借りたことはなかったです。兄が有名なプロレスラーと言うことがプラスになるとも思っていなかったので、あえて口にすることもなかったです」と振り返るが、自身が上智大大学院を修了。学者としての一本立ちが確定した際、大仁田は歓喜したと言う。

「『おまえ、すごいな。すごいな』って、親か保護者かと思うくらいに喜んでくれました」

だから、大仁田の参院議員時代には議員立法の手伝いやアドバイスをした。その後、長崎県知事選や佐賀・神埼市長選に挑戦した際も自身の研究の傍ら懸命にアシストした。

「兄は長崎弁で言う『のぼせもん』。あることに夢中になって、熱くなって変える力を持つ人という意味ですが、まさに変える力、突破力を持った人間だと思います。それが国政では発揮しにくかったけど、地方自治の首長としてなら、その能力が生かされると思ったから、1回（首長を）やらせてくれればいいのにという思いで応援しました」と振り返り「市長選の時はネット上の空中戦で政策以外のことで誹謗中傷してくる投稿には法学者として『あなたの書き込みは誹謗中傷にあたりますよ』と論理的に反論もしました。そういう人は悔し紛れのことを書いて、フェードアウトしていくんですけどね」と苦笑した。

「兄とは一度もケンカしたことがないです。互いにリスペクトしていて、ライバルみたいな存在」という孝明さんは、「兄のようなひとかどの人物、サムワン（特定の誰か）になりたいという思いは常に自分の心の中にありました。それを探し続けて、兄に追いつき、追い越せで学者になりました。『大仁田の弟』と言われることは悔しいことではないけど、自分も自分で確立して、いつか兄が『松原孝明の兄』と言われるようにしたいなとは思ってきました」と正直に続けた。

7度の引退、復帰を繰り返し、「ウソつき」と言われることもある兄のレスラー人生についてはすごい罵詈雑言《ばりぞうごん》がありますよね。直接会ったこともない人をなんで、そこまで言えるのかと思います。『プロレス・アイコン大仁田厚』としての批判があるのはしようがないけど、兄に直接、人間として触れてもらえば、そんな思いを持つことはない。人間としての兄に会ってくれればと思ったりします」と思いを明かした。

今もリングに上がり続ける姿について、「正直、年齢をまったく感じないです。ビジュアルとか見ていると、白髪もまったくないし、40代で止まっている感じです」と微笑む一方で「改めて66歳と思うと、いつまでできるのかなとも思うし、去年も病気（腹部大動脈瘤）をしたり、体の心配もあります。でも、プロレスという自己表現の場がなくなることは兄にとって社会的死を意味するとも思うので、そこは止められないなと、すごく思います」とも口にした。

レスラーデビュー50周年を迎えた兄の生き様に、「どの道でも50年はすごいのに、スポーツの世界で50年はとんでもないことだと思います。学者だって、20代後半から定年までできても40年ですから」と言った〝18歳年下の弟〟は「僕も自分の成長を伝えたい最後の人である兄をこれからもライバル視しつつ、40代の今、民法学者という、この道を極めて終わりたいなと思っています」と決意表明した。

元横綱・曙との流血の死闘では体の大きさだけでなく「器の大きさ」に感動

最終章　「電流爆破」と明日へ

直前で消えた猪木との電流爆破

50年に及ぶプロレスラー人生で数多くの猛者たちと戦ってきた大仁田は、12年からは24年4月に亡くなった元横綱・曙太郎さんと「ノーロープ有刺鉄線バリケードマットダブルヘルメガトン電流爆破マッチ」などで激突。「でかいなんてもんじゃない。ボディープレスで生まれて初めて胸の骨が折れた。2度目に食らった時にバキッと音がして…。俺もいろんな骨折をしているけど、胸骨骨折はあれが初めて。あれほど痛いものはないよ」と振り返った。

曙さんとの試合で感じ取ったのは、その勇気だった。

「負けた俺が最後に火炎放射をしたんだけど、それを正面から受けた時に、さすがは横綱だと思った。横綱って他の力士に胸を出して、その力を受け止めて勝つものでしょ。決して逃げないところが横綱。試合後に、あの人の真っ黒にただれたおなかを見た時、真っ正面から火炎放射を受けた勇気に恐れ入ったよ」

そう振り返ると、「堂々と被弾した曙さんは後で電流爆破に感銘を受けていたと聞いた。みんな、電流爆破をやらないでああだこうだ言うけど、電流爆破のリングの中に入った時の普段とまったく違う緊張感はやった人間にしか分からない。曙さんから感じたのは体のデカさはもちろん、これが横綱の器の大きさなんだっていう感動だった」と目を輝かせた。

この年には、自身が全日本プロレスのＮＷＡインターナショナル・ジュニア王者だった時代、ライバル団体・新日本プロレスのスーパースターとして意識し続けた初代タイガーマスク・佐山聡さんとも対戦。24歳の頃、「劣等感で落ち込みました」という思いまで抱いた誕生日も1か月違いの〝ライバル〟との74年のレスラーデビューから38年を経ての初対決実現だった。

リアルジャパンプロレスのリングでの「デンジャラス・スペシャル・ランバージャックデスマッチ」に敗れこそしたが、この一戦を「やっぱり、タイガーは試合がうまいと思った」と回顧した。

「タイガーを電流爆破に引きずり込めなかったのは、人生でいくつかある悔いが残っている点だし、彼もピークは過ぎていたけど、やっぱり戦っている間中、『これがタイガーマスクだ』って思った。強いレスラーとうまいレスラーは違うんだけど、うまいなあって」

そう振り返ると、「タイガーは唯一、プライベートで一切、会話していない相手。大仁田劇場の時の真鍋さんと一緒だよ。あいさつ以外、言葉を交わしていないから、いまだに佐山さんがどんな人柄か分からない」と付け加えた。

そして、思い出は最後までリング上で対峙することなく終わった「BI砲」にまで及んだ。

22年に死去した猪木さんとは95年1月4日の新日・東京ドーム大会での電流爆破マッチ実現の一歩手前まで話が進んでいた。

「猪木さんが(ドームに)2つのリングを作って、ハシゴをかけて戦うっていう条件を出してこなければ、俺はやっていた」と明言。

「電流爆破に上がるなら、2つのリングはいらないじゃないですか？　最初から猪木さんは電流爆破に付き合うつもりはなかった。あの人にとって(2つのリングは)『もし、大仁田が普通のリングで生き残れたら、電流爆破のリングに入ってあげるよ』ってメッセージだと受け取った。俺はこざかしいなって思った。猪木さんらしくないなって」と率直に語ると、「なんでもかんでもやる人なのに、そういうことを言うから、ちょっと違うなって。もっと、ストレートに言ってほしかった。それで2人とも返答しなくなって、話は潰れちゃいました」と続けた。

「今、思うと、試合が実現しても猪木さんに勝ちはしなかったと思うけど、一つの歴史を破った瞬間にはなったと思います。でも、世の中には実現しなかった夢って、いくつもあるわけだから。とにかく、猪木さんは感性で生きている人だった…」

「俺は力道山世代じゃないし、馬場さん、猪木さんこそが目指す人だったから」とつぶやいた大仁田が、もう一人、電流爆破のリングにあげることを虎視眈々《こしたんたん》と狙い続けたのが、自らをプロレスの世界に導いた馬場さんだった。

ＦＭＷ全盛時、「俺と電流爆破やりませんか？　馬場さんとだったら国立競技場に7～8万人入りますよ」と誘ったこともあったが、恩師の答えは「お～い、大仁田～。電流爆破って、それは痛いのか～？」だったという。

だが、「馬場さんのブッキングノートっていうのはあって。そこには『大仁田、渕電流爆破』って書いてあったと、後に遺品整理した木原（文人）さんから聞いた。自分が電流爆破のリングに上がることは考えていなかったと思うけど、俺がやっている電流爆破を馬場さんが認めてくれたみたいに感じられて…。それが馬場さんの答えなのかなって、そのブッキングノートの話を聞いて純粋にうれしかったです」と、しみじみ口にした。

「馬場さん、猪木さんとの電流爆破は実現しなかったけど、代わりに新日本プロレス、全日本プロレスというメジャーに電流爆破を持ち込むことができた。電流爆破ってさ。ジュニアヘビーの体格しか持ち合わせていない俺が、さらに膝を粉砕骨折して、FMWっていう弱小団体の中でもがきながら発明したもの。痛みが伝わりやすく、五感に訴えるって言う、いわば飛び道具。俺という人間の、インディー魂がこもった分身みたいな電流爆破が2大メジャーでやれたのは、反骨精神の証みたいで面白いよな」

そう言って心底、うれしそうに笑った「邪道」にとって、いまだに「ウソつき」呼

７度目の引退イベントでは母・巾江さん㊥、弟・孝明さん㊨をリングに上げ、家族への感謝の気持ちを表した（2017年10月31日）

スポーツ報知からは１面を飾った紙面パネルが贈られた

ばわりされる最大の理由である7度の引退、復帰劇とは、なんだったのか。

〝最後の引退〟は、17年10月31日、東京・後楽園ホールで「さよなら大仁田、さよなら電流爆破」と銘打って開催された「大仁田厚ファイナル　後楽園ホール大会・引退式」だった。

10年5月の東京・新木場1stRING大会で盟友・ターザン後藤とのタッグで勝利して以来、7年ぶり7度目となった引退マッチは後楽園ホールが火気厳禁のため、電流爆破デスマッチは封印。「大仁田厚思い出の聖地・後楽園ホール最期のデスマッチ‼ストリートファイト　トルネードバンクハウスデスマッチ」と題した一戦で大仁田は自身の信者を公言する鷹木信悟、KAIと組んで、藤田和之、ケンドー・カシン、NOSAWA論外組と対戦した。

この日7発目のサンダーファイヤーパワーボムで快勝。有終の美を飾り、リング上でマイクを持つと、「すみません。こんなウソつきに、こんな弱い男に、たくさんの応援、ありがとうございます」と絶叫。「一つだけ大仁田のいいところがあります。絶対にあきらめないこと。絶対に夢をあきらめるな！　今日は、今日は、今日は、今日はありがとよ！」と声を振り絞った。

母・巾江さん、弟の孝明さんとともにリング上で号泣。10カウントゴングを聞いたものの翌年10月には鶴見青果市場大会で7度目の復帰を果たした。

自身が口にした「こんなウソつき」という言葉を地で行く、最後の復帰劇から6年が経った。

7度目の引退時、60歳だった大仁田は、「還暦ってことは大きかった。体力が落ちて、当時は本当に体がダメダメで。膝は100メートルも歩くと痛みで動けなくなる状態で首も痛みで曲がらない。だから、100％の気持ちで引退を決めた。引退する時はいつも100％なんです」と口にした。

「7回も引退、復帰を繰り返して、バカヤローの人生ですよ。だけど、バカヤローはバカヤローなりに一生懸命生きているつもりなんです」と正面を見て言うと、「いまだに申し訳ないっていう気持ちは常にある。ブーイングも覚悟しているし、ファンが俺から離れていくことも覚悟しています。でも、涙を流したファンには申し訳ないけど、俺はその時にやりたいことをやっているだけ。自分に素直に生きているだけ。ファンのためとかじゃない。自分のためにやっているんです」と続けた。

どこか開き直りにも取れる言葉だが、「本当、やっちゃいけないことをやってしまうダメなヤツなんです。でも、自分のやったことだから、自分の中で消化するしかない」と本音を口にした。

「自分の人生、悔いばっかりですよ。こう生きればこうなったとか、楽な人生だったとかも思います。でも、自分が決めたこの生き方じゃないですか。悔いはあるにしろ、自分が決めた人生だから胸いっぱい生きるしかない。人にバカヤローと言われようと、人に死ねと言われようと、詐欺と言われようと、自分が決めたんだから、しようがない。だから、バカヤローの人生って言ってるんです」──。

そう自虐的に言った「邪道」は23年10月25日の誕生日で66歳になった。

7度目の復帰後、人工関節置換術を受け、両膝の痛みを解消。体をリングに上がれるまでに戻した。

その上で「7度目の正直だと思って引退したのに、プロレスをしたい気持ちを抑えきれなくなって申し訳ない」という気持ちから、ボランティア・レスラーを名乗り、リングに上がった。

「罪滅ぼしと恩返しのつもりだった。だけどね。『ボランティア・レスラーとして（大会に）出てください』と、いくつも問い合わせをもらったけれど、正直、辟易《へきえき》したよ」と率直に言う。

「チケットを販売したりスポンサーがいる大会でも、実費弁償のお願いをすると『え？　ボランティアなのに飛行機代はウチが払うんですか？』と言われる。ボランティアなんだから自腹でどこへでも行くのが当たり前。お願いされたことを何でも引き受けるのが当たり前。ボランティアなんだからタダで体よく使ってやろうっていう、そんな相手の態度にレスラーをボランティアでやるのは辞めようと思ったよ。ただ、利用されるだけだと痛感したよ」と正直に明かした。

だが、その体は23年に手術に踏み切った腹部大動脈瘤始め正直、ボロボロだ。

1か月に1回ペースで痛み止め5本を打った上で電流爆破デスマッチに臨み、やけどは常に覚悟の上。過去に負った1500針以上の縫い跡の上にも新しい傷が増えていき、傷口からばい菌が入り、高熱が出ることもしばしば。両肩、右膝、右の腰には常に痛みを抱え、胃や肝臓の数値も悪い。中でも肺年齢は95歳と診断されたという。

「いまだに申し訳ないなって気持ちを持ちながらリングに上がってます」と口にしながら、それでもリングに上がり続ける。

「俺自身、何度も奈落の底に落ちているけど、どん底に落ちてもそれを助けてくれたのはプロレス。感謝してます。プロレスの神様はいるんです。だから、プロレスって自分が惹かれ続ける世界の片隅にでもいられたらいいって気持ちなんです」

自分を救い続けてくれたプロレスへの感謝の念。それこそが「邪道」がリングに上がり続ける唯一の理由だ。

「申し訳ないなって気持ちをいつまでも引きずっていてもしようがない。リングに上がった途端、忘れるしかないんです」と言うと、「現状の自分ができることを一生懸命やるしかない。全盛期の自分を見せることはできないけど、今の自分ができる限りのことはやりたい」と決意表明した。

だから、自身に浴びせられ続ける「ウソつき」という言葉やブーイングも、レスラーとしてのサバイバルへのパワーに変え続ける。

「悪口を言われることとイコール関心があるってこと。今のSNS時代はどんな人でも悪口を言われるでしょ。悪口をエネルギーにしなきゃ心を病んでしまう人だっている。たとえバッシングでも関心のある人は俺にとって、エネルギーだと思って戦ってます」

レスラー人生50年、何度も何度も毀誉褒貶《きよほうへん》の嵐の中にたたき込まれてきた「邪道」は、きっぱりと、そう言った。

そして、今でも一つの伝説としてプロレスファンの心に残り続けるのが、FMWと大仁田厚の名前を一気に全国区に押し上げた汐留レールシティでのターザン後藤さんとの伝説の一戦、「ノーロープ有刺鉄線電流爆破デスマッチ」

プロレス専門誌の表紙に「わかったから、もう、やめてくれ」というコピーが躍り、「涙のカリスマ」という言葉も生まれた世紀の一戦から34年が経過した。

19年には特許庁で商標登録として受理された大仁田の代名詞「電流爆破」――。「汐留の電流爆破から30周年の記念に商標登録した。登録まで時間がかかったけど、うれしかった」と振り返った大仁田は、「もう34年か…。あんなのプロレスじゃないっていう否定から始まったけど、否定から始まるものって確実にある。俺にとって、電流爆破は対世間、対プロレスに対する反抗だった」と言い切る。

リングサイドに有刺鉄線を絡みつかせた大判の板を敷き詰め、それに振動を加えることで爆発する大型爆弾を設置した「有刺鉄線バリケードマット地雷爆破デスマッチ」、金網プラスリングの2面に有刺鉄線電流爆破、残り2面に地雷を設置した有刺鉄線ボードを置き、試合開始後15分でリングサイドの時限爆弾が爆発する「有刺鉄線電流地雷監獄リング時限爆弾デスマッチ」、超大型時限爆弾をリングサイドに設置した「ノーロープ有刺鉄線電流爆破超大型時限爆弾デスマッチ」、当時の全日本プロレス・オーナーに爆弾を巻き付けての「ノーロープ有刺鉄線メガトン電流爆破＆史上初！　人間爆弾デスマッチ」――。

思いつくままに様々な「電流爆破マッチ」を考案、実践してきた。有刺鉄線を巻き付けたバットに電流が流れるようにした上、爆弾まで貼り付けた「電流爆破バット」を試合に導入。以前のような大規模な特殊リングやセットを設置しなくても「電流爆破」の凄みが伝わる試合を展開している。

実際、狭い会場では、電流爆破バットでの殴打の瞬間の衝撃音、電光、そして火薬のにおいや煙が観客にダイレクトに届き、大仁田がこだわり続ける痛みの「リアリティー」が、より伝わりやすくなったのだった。

「地方大会でも電流爆破を見せたいけど、コストがかかって大がかりな仕掛けができないこともある。だから、手軽に持ち運べる電流爆破バットを思いついたんだけど、殴られた瞬間に爆発するから衝撃はすごいし、本気で吹っ飛んで動けなくなる。一方で対戦相手とのバットの奪い合いも加わって、試合の中でのバリエーションは広がったんだよね」と、プロデューサー的視点からコメント。

「爆破が近すぎて鼓膜が破れて耳が聞こえなくなったり、気づいたら腹を真っ黒にやけどしていたり。でも、もともと人を驚かせたり、喜んでもらえることが好きだからさ。電流爆破を初めて見たお客さんの反応って一瞬、呆気にとられた後で、なぜか手を叩いたり、笑い出すんだよ。なんでだろうな？　あまりにびっくりすると、人って、なぜか笑うんだよ」とニヤリと笑った。

「エンターテインメントは、お客さんの想像を超えたものを見せないとって、いつも思っている。アッと驚かせたいし、怖がったり興奮して非日常の時間を楽しませたいと思っている。電流爆破は五感を刺激する面白いコンテンツだと思うよ。それはお客さんにとっても、リングに上がるレスラーにとってもね」

心底、楽しそうにそう言った「邪道」は今、「常に両肩は痛いし、右腰も痛いし、両膝もガタガタだし」と満身創痍をぼやきながらも、リング上で文字通り〝爆発〟し続けている。

「初めて電流爆破を見た人って、みんな、びっくりするよね。普通にプロレスを見に来た人が爆破のインパクトにびっくりして、それを人にしゃべって、ＳＮＳにも上げる。一部の人たちが『あんなのプロレスじゃない』って否定から入るのだって折り込み済みだよ」と言い切ると、「電流爆破を好きなヤツも嫌いなヤツもいるけど、嫌いって方に俺は逆に可能性を感じる。悪口を書き込む人だって、興味がなかったら書き込まないわけだからさ」と狙いも明かした。

そんな思いのまま、自ら考案した「電流爆破」を古巣・全日本プロレスにも、国内最大の団体・新日本プロレスにも、数多《あまた》ある団体のリングに上げ続け、想像もしなかった電流爆破デスマッチを実現させてきた。

「猪木さんは必死でプロレスをメジャースポーツだと言っていたよね。理想は確かにそうだけど、プロレスの頂点じゃなく底辺にいると思っている俺は、プロレスは大衆文化だと思っている」

決して卑下することなく、そう言い切ると、「カッコ悪いカッコ良さってあるじゃないですか？　電流爆破を食らって動けなくなるのも、みじめに負けるのもプロレス。そんな試合が全8、9試合の中に1試合あってもいい。だから、俺は電流爆破にこだわり続ける」

きっぱりと続けた上で、こう言い切った。

「俺は自分が生きていく中で、自分がやりたいことをやっているだけだと思う。間違いだらけの人生かも知れないけど、自分で決断して、自分でケツを拭いてきたのは確かだよ」――。

7度目の引退時、ファンに向かって「絶対に夢をあきらめるな！」と絶叫

テリー・ファンクの墓前で報告

そう胸を張った「邪道」は現地時間24年4月5日（日本時間6日）、米フィラデルフィアの2300アリーナで開催されたデスマッチの祭典「バトルグラウンド・チャンピオンシップ・レスリング」大会に「日本のデスマッチ・レジェンド」として招待された。

会場となった2300アリーナは、かつてのECWアリーナ。ECWは大仁田のFMW時代のビデオテープをサブゥーがアメリカに持ち帰ったことがきっかけで発足したデスマッチ団体とあって、「邪道」は〝ホーム〟のような大声援を浴びて大暴れした。

そして、その5日後に向かったのが、あの「兄貴分」の墓所だった。

大仁田が10日に訪れた米テキサス州アマリロの静謐《せいひつ》な墓所に眠るのは、テリー・ファンクさん。16歳でのレスラーデビューから50年。思えば、大仁田は全日時代に自身の才能を見い出してくれたテリーさんのレスラー人生をなぞるような半世紀を過ごしてきた。

馬場さん譲りの正統派のプロレスにデスマッチファイターとしての横顔。さらに引退、復帰の繰り返しと、テリーさんとの共通点は数多い。

この日、多くの花が手向けられた恩人の墓前に座り込んだ大仁田は墓石をなでながら「テリーさん、久しぶりです。お墓参りが遅れて申し訳ありません」と語りかけた後、「（93年5月5日

米テキサス州アマリロにあるテリー・ファンクさんの巨大な壁画前でポーズ

の）川崎球場での対決の後、『オーニタはこんなに力が強かったんだ。かわいい弟分だと思っていたら、立派なレスラーになっていたんだな』って言ってくれたこと忘れません」と涙をこらえながら話した。

「俺は今年、デビュー50周年を迎えました。行けるところまで電流爆破をやってやろうと思ってます。でも、記念大会では、本当にテリーさんとリングに立ちたかった。『スピニング・トーホールド』が会場に鳴り響いて、テリーさんが入場してくるところが、もう一度見たかったんですよ…」と震える声で報告したという。

そして、師匠のテリーさん同様、自身の生き様について、「俺は目立ってナンボだと思っている」と堂々と言い切る言葉の裏には、原点となる体験があった。

まだ海のものとも山のものとも知れないＦＭＷの創設期。地方大会で行った先で出会った老婦人が聞いてきた。

「あんた、名前、なんて言うの？　私は馬場さんと猪木さんしか知らないのよ」

「そんな、おばあちゃんが俺の試合を見た後、『あんた、一生懸命やってるね。これから応援するよ。名前も覚えたし』って言ってくれたんだ。それが俺の『大仁田厚って名前を一般社会に広く知らしめたい』って思いの原点だよ」と回顧した。

「ＦＭＷの頃は俺が有名にならないと客は入らないっていう危機感まみれだった。名前を売らなきゃという思いに突き動かされて、大河（ドラマ）にも出たし、何事もチャレンジだと思っているから、50年の間に敗血症で死にかけたって、あらゆる試合をやり続けた」と続けると「そりゃ、ヘコむことも、心が折れそうになることも、投げ出したくなる時もあったよ」と口にした。

「でも、一瞬、後悔という言葉が通り過ぎることもあるけど、それが蓄積することはないんだよ。挫折して、どん底を這いずり回っていたら、いつの間にか次のチャンスが転がってくる。それが俺の人生だったかもしれない」

そう言って、ニヤリと笑うと、「まだまだやりたいことはたくさんある。生きてこそだと思うんだよ。『大仁田厚』っていう存在をどんな形にしろ歴史上に残したいと思っている。どんな有名人でも亡くなったら忘れられていく。俺には忘れられる恐怖があるから生きている限り『大仁田厚』として生きて、『大仁田厚』をやり続けるしかないと思っている」

「たまに俺みたいなのはポックリ死んだ方がいいとか思うこともあるけど、まだまだリングに上がっているのが楽しいんだよね。俺には満足って言葉がないんだよ。自分が面白いと思うことがある限り全部、やりたい」と笑顔を見せ「とにかく『大仁田厚』という人間が生きていたという証だけは残したいと思っている。これからどれだけ生きていけるか分からないけどね」と、目をギラリと光らせた。

レスラーデビュー50周年のメモリアルデーだった4月14日、FMWE大会では「大仁田厚デビュー4・14記念日のお祝いに爆破全部やります〃地獄のデスマッチ7」を敢行した。

「七転八倒しながらの50年だったけど、この半世紀、俺なりに一生懸命生きてきた。50周年の区切りと言うけど、本当は俺、そんなものどうでもいいんだよね。『今日の試合、良かったな～』って思っても、すぐに次に何をやるかが頭を駆け巡ってしまって。多分、50周年のメモリアルマッチもそうだと思う。人生、すぐ次に何かをやらなきゃって、俺の人生って、その繰り返しなんだと思う」

命がけの危険過ぎる一戦を終えた後、遠い目でそうつぶやいた。

メモリアルデーだった4・14のリング上で絶叫したように8月24日には「あそこしかないんだよ」という「聖地」川崎球場での50周年メモリアルマッチを敢行。

ここで「大仁田厚」は一つの区切りを迎えた。だが、大仁田自身の人生はまだまだ終わらないし、むしろ、ここから始まっていく。

この一瞬こそが新たな始まりの時。「涙のカリスマ」はまた一歩ずつ、誰もマネのできない孤高の道を歩んでいく。

テリー・ファンクさんの墓所を訪れ、花を手向けてデビュー50周年を報告した（2024年4月10日・米テキサス州アマリロ）

あとがき

先日、ジャイアント馬場さんの墓参りに初めて行ってきた。

葬式の時に元子さんに拒絶されて以来、二の足を踏んでいたけれど、50周年を迎えられた報告と感謝を伝えられた。意を決して馬場さんに会いに行って、本当に良かった。

人は、一人では生きていけない。俺が一人前のプロレスラーになれたのは馬場さん始め全日本プロレスやテリー・ファンクのおかげだ。

ＦＭＷの時もそうだ。俺のやりたいことに賛同してくれる人がいて、支えられてきた。

俺は才能のない男だよ。だけど、いろいろな人に助けられて、今もプロレスラーとして存在できている。

ありがとう。こんな俺を信じて応援し続けてくれるファンの人たちに、いつも感謝している。

「選択」って、あるよな。

人生がうまくいかないと、人のせいにするヤツがいる。

「あいつのせいだ。あいつを信じたばっかりに騙された」――。

いろいろ言っても結局、すべては自分自身が下した選択。俺なんて何度、どん底に落ちたことか。だけど、それは自分が選んだ道のせいだから。

俺はこれまでたくさん選択を誤って、奈落の底に落ちたけど、自分の選択と行動でカムバックもしてきた。人は、どん底から這い上がる強さを持っている。そう俺は信じているよ。

選択は間違ってもいいんだ。あなたが前さえ向いていれば、失敗したって、それは本当の失敗じゃない。何度でもやり直せるし、這い上がれる。やってみる行動が大事なんだ。

この本では、これまで語りたくなかったこと、辛くて向き合ってこなかったことについても明かしている。

この歳になったから語れることもあった。ここまで俺のことを追った本は、これまでなかったんじゃないかな。賛否両論あるだろうけど、俺の生き様から、あなたが大切な何かを感じてくれたらいいな。

「遺言」という題名がついているが、俺が言いたいのはいつも同じことだ。

「誰のものでもないあなたの人生だ。一生一回、自分の好きなこと、胸いっぱいやって生きようぜ！」

あとさ。最後にこれを忘れちゃいけないな。

丁寧に取材してくれた中村健吾氏、この本を作ってくれた皆川泰祐氏、酒井隆之氏をはじめとしたスポーツ報知のみなさん、そして、何よりこの本を読んでくれた読者のみなさんに――

「俺は！俺は！俺は！　感謝しているぜ！　ありがとよ！」

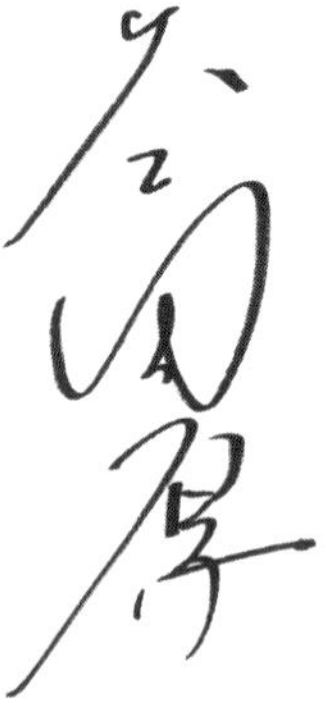

Believe
in yoursel
Give it al
Youve

著者プロフィール

中村　健吾（なかむら・けんご）

1965年、神奈川県横浜市生まれ。88年、早稲田大学教育学部教育心理学専修卒業後、報知新聞社入社。編集局整理部（レイアウト担当）、運動第二部（サッカー担当）、文化部（映画担当）などで取材後、社会部、地方部、メディア企画部でデスクを経験。15年から編集局デジタル編集部でネット記者として活動。主な取材ジャンルはプロレス、芸能、社会。過去の著作はスタジオジブリの制作過程を追った「『もののけ姫』から『ホーホケキョとなりの山田くん』へ　テーマは『生きろ。』から『適当』へ…!?」（徳間書店刊）。

2024年7月24日　初版

のぼせもんの遺言
～大仁田厚50年目の真実～

著　者　中村　健吾
発行者　永山　一規
発行所　報知新聞社
〒130-8633
東京都墨田区横網1-11-1
電話　03（6831）3333（代表）

カバー・デザイン　木村　悟（株式会社アサヒ・エディグラフィ）
本文デザイン　株式会社サン・ブレーン
印刷所　株式会社サンエー印刷

ISBN　978-4-8319-180-4